Nileen Marie Schaldach

# SCHWÄBISCH Crossover

Spätzle, Maultaschen & Co. einmal um die Welt

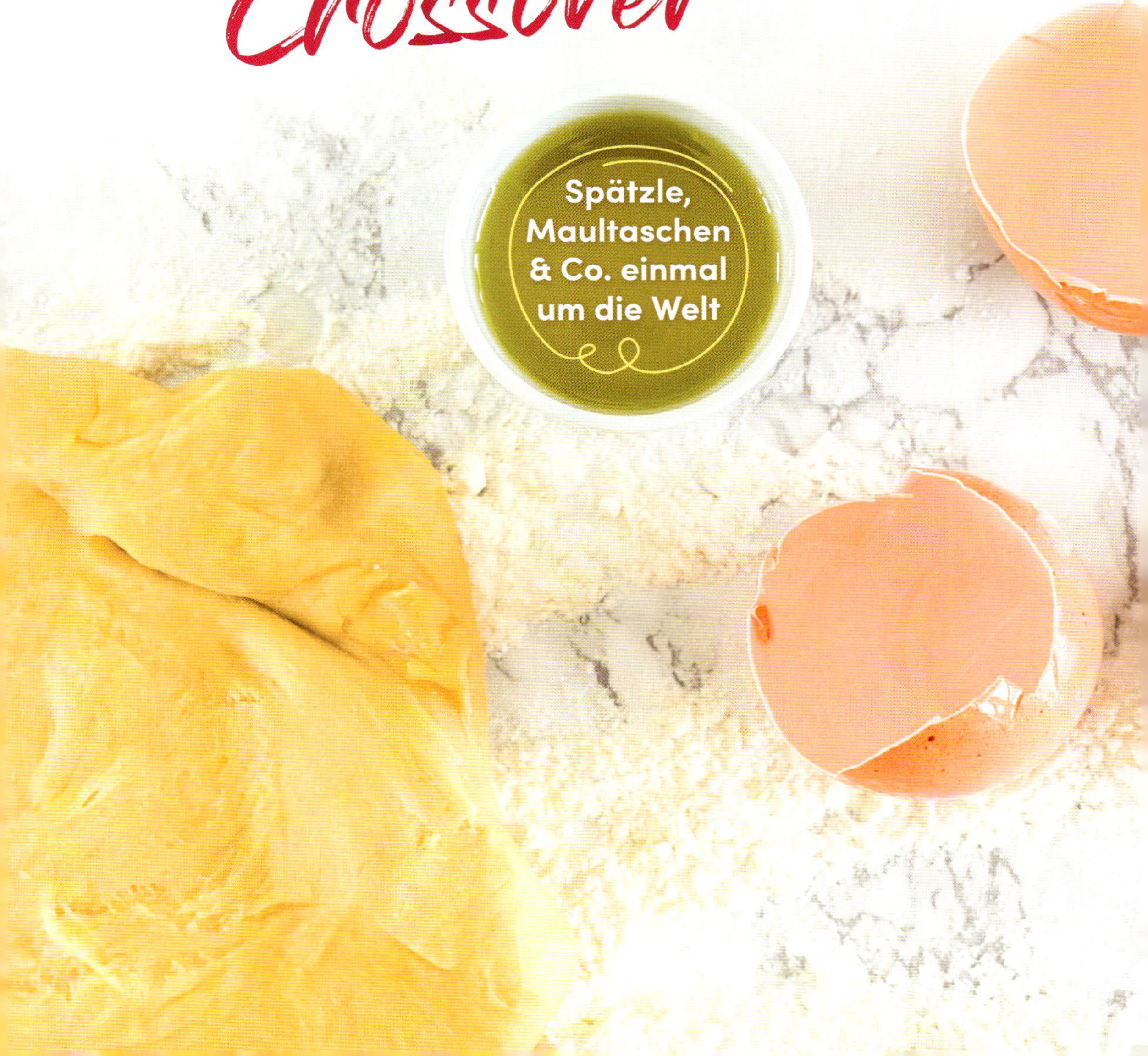

# Das steckt im Buch

# TRADITIONELL SCHWÄBISCHE KÜCHE MIT INTERNATIONALEN EINFLÜSSEN

# Schwäbisch Crossover

## DIE SCHWÄBISCHEN WURZELN IN STUTTGART

Die schwäbische Küche und ich – das hätte auch ganz anders kommen können. Denn geboren bin ich im rund 6.000 Kilometer entfernten Indien. Als Adoptivkind bin ich nach Deutschland gekommen und in einer wunderbaren Familie im Stuttgarter Westen aufgewachsen. Ich bin sehr dankbar darüber, denn ich hatte großes Glück mit all den schönen und liebevollen Momenten, die meine Kindheit geprägt haben. Und dass ich heute mit meinem Mann Stephan in Unterhaching bei München lebe, Soziale Arbeit studiere und nebenbei als selbständige Foodfotografin, Foodbloggerin und Kochbuchautorin arbeiten kann, macht mich sehr glücklich.

## SCHWÄBISCHE KÜCHE CROSSOVER

Meine Heimatstadt Stuttgart hat aus kulinarischer Sicht einiges zu bieten. Die besten Tipps für meine Lieblingsrestaurants und -locations habe ich im Serviceteil zusammengestellt. Über die schwäbischen Grenzen hinaus sind Maultaschen, Spätzle und Co. bestens bekannt. Und natürlich bin ich mit den schwäbischen Gerichten meiner Mutter, Großmutter und Oma aufgewachsen. Traditionell gehörten dazu Maultaschen in der Brühe mit Kartoffelsalat, Flädlesuppe, Spätzle mit Rahmsauce und Schweinelendchen und süße Flachswickel. Um nur einige meiner schwäbischen Lieblingsgerichte zu nennen, die auch in diesem Buch einen Platz gefunden haben. Das Besondere an meinen Rezepten ist die schwäbische Küche mit internationalem Einfluss. Nennen wir es Schwäbisch Crossover, bestehend aus traditionell schwäbischen Gerichten und Zutaten, raffiniert kombiniert mit Zutaten und Gerichten aus anderen Ländern. Aus welchen Ländern ich mir Inspiration geholt habe, schreibe ich jeweils zu Beginn eines Kapitels.

## SALSICCIA TRIFFT SPÄTZLE

Wenn italienische Salsiccia mit Linsen und Spätzle serviert wird, ein Wiener Backhendl mit Alblinsengemüse auf den Teller kommt oder das vietnamesische Bành Mí mit Roter Wurst gefüllt wird, dann ist das Schwäbisch Crossover. Ich habe unzählige Ideen gehabt, wie schwäbische Traditionsgerichte mit Zutaten aus anderen Ländern kombiniert werden können.

## HERZENSSACHE – MAULTASCHEN

Was habe ich sie als Kind schon geliebt: Maultaschen! Wenn wir von der Schule heimgekommen sind und der große Topf mit Brühe und Maultaschen und daneben eine Schüssel Kartoffelsalat auf dem Tisch stand, war die Freude groß. Noch heute liebe ich Maultaschen. Deshalb war es für mich eine Herzenssache, der schwäbischen Maultasche in diesem Buch ein ganz eigenes Kapitel zu widmen. Maultaschen um die Welt sozusagen. Gleich zu Beginn des Buches zeige ich Ihnen ein ganz simples Rezept für ein Maultaschenteig-Grundrezept. Und dann gibt es sechs verschiedene Füllungen mit Fisch, Gemüse und Fleisch und ich verrate Ihnen, wie Sie die Maultaschenvarianten am besten genießen. Mal passt eine fruchtige Tomatensauce gut dazu und mal eine kräftige Hühnerbrühe.

**Im Buch verwendete Abkürzungen und Symbole**

TL → Teelöffel

EL → Esslöffel

g → Gramm

kg → Kilogramm

ml → Milliliter

⏲ → Zeitaufwand

🍴 → Mengenangabe

Meine Lieblingsmaultaschen sind die **Maultaschen mit schwedischer Lachsfüllung** und die **Maultaschen mit Südtiroler Eierschwammerl-Füllung**.

# Maultaschen einmal um die Welt

Der schwäbischen Maultasche widme ich in diesem Buch ein eigenes Kapitel. Ich zeige Ihnen ein Grundrezept für Maultaschenteig und sechs verschiedene Füllungen, wie Sie Ihre Maultaschen füllen können. Dabei wandert die Maultasche einmal um die Welt von Griechenland über Spanien, nach Asien, Österreich und Italien.

# Grundrezept MAULTASCHENTEIG

Es gibt wohl unzählige Grundrezepte für Maultaschen- und Nudelteig. Ich bereite meinen Teig immer aus zwei Eiern und der doppelten Menge Mehl zu und füge Öl und kaltes Wasser nach Gefühl hinzu.

5 Minuten
+ 2 Stunden Ruhezeit

Für ca. 60 Maultaschen

- 400 g Weizenmehl Type 405
- 2 Eier (M)
- 3–4 EL Olivenöl
- 50–60 ml kaltes Wasser

1. Alle Zutaten in eine große Rührschüssel geben und mit den Händen oder einer Küchenmaschine zu einem geschmeidigen, glatten Teig verkneten. Sollte der Teig zu trocken sein, etwas kaltes Wasser hinzufügen. Ist der Teig zu feucht, noch etwas Mehl dazugeben.
2. Den Teig zur Kugel formen und in Frischhaltefolie wickeln. Maultaschenteig bei Zimmertemperatur ca. 2 Stunden ruhen lassen.
3. Der Teig reicht für ca. 60 Maultaschen. In den folgenden Rezepten wird jeweils ¼ des Teigs benötigt. Es bietet sich allerdings an, gleich eine größere Menge an Maultaschen zuzubereiten und diese dann nach dem Garziehen abkühlen zu lassen und einzufrieren. So haben Sie Maultaschen auf Vorrat.

# Maultaschen MIT GRIECHISCHER FETA-SPINAT-FÜLLUNG

Als vegetarische Variante kommen die Maultaschen hier mit einer feinen, mediterranen Füllung aus Blattspinat, Feta, getrockneten Tomaten und frischem Ricotta auf den Teller. Dazu schmeckt eine fruchtige Tomatensauce besonders fein.

25 Minuten
+ 10 Minuten Garzeit

Für ca. 12 Stück

- ¼ Portion Maultaschenteig nach Grundrezept (Seite 9) oder Nudelteig aus dem Kühlregal
- 400 g Blattspinat (TK)
- 1 Zwiebel
- 1 kleine Knoblauchzehe
- 1 TL Olivenöl
- 130 g Ricotta
- 150 g Feta
- 50 g getrocknete Tomaten (in Öl eingelegt)
- 2 EL frisch gehackte Petersilie
- 2 Eier (M)
- 25 g Semmelbrösel
- 2 TL Oregano
- Salz
- frisch gemahlener Pfeffer

① Den Blattspinat in einem Topf erwärmen und auftauen lassen. Anschließend gut ausdrücken und grob hacken. Zwiebel und Knoblauch schälen, fein hacken und im Olivenöl ca. 5 Minuten glasig dünsten. Blattspinat in eine Schüssel geben, Ricotta, grob zerkleinerten Feta und Zwiebeln und Knoblauch hinzufügen. Die Tomaten abtropfen lassen, fein hacken und mit Petersilie, den Eiern und den Semmelbröseln in die Schüssel geben. Alles gut vermengen und mit Oregano, Salz und Pfeffer kräftig würzen.

② Den Nudelteig sehr dünn ausrollen und die Feta-Spinat-Masse gleichmäßig mittig darauf verteilen, dabei die Kanten am oberen und unteren Rand frei lassen. Die Unterkante vorsichtig über der Füllung zur Mitte einschlagen, anschließend mit kaltem Wasser einstreichen. Dann die Oberkante nach unten schlagen und die Maultaschen verschließen. Mit einem Kochlöffel vorsichtig die einzelnen Maultaschen markieren und leicht zusammendrücken, dann mit einem scharfen großen Messer in einzelne Maultaschen schneiden. Nun in einem großen Topf reichlich Salzwasser aufkochen lassen und die Maultaschen darin portionsweise im siedenden Wasser (nicht mehr sprudelnd kochend!) in etwa 8–10 Minuten gar ziehen.

*Tipp* → Die Ränder der Maultaschen müssen nicht komplett mit Teig verschlossen sein, durch die Eier in der Füllung geht beim Garziehen nichts von der Füllung verloren.

# *Maultaschen* MIT SPANISCHER CHORIZO-FÜLLUNG

Diese Maultaschen werden mit einer Paprika-Chorizo-Masse gefüllt und schmecken sehr gut zu Tomatensauce oder in einer kräftigen Gemüsebrühe.

25 Minuten
+ 10 Minuten Garzeit

Für ca. 15 Stück

- ¼ Portion Maultaschenteig nach Grundrezept (Seite 9) oder Nudelteig aus dem Kühlregal
- 1 kleine Zwiebel
- 1 Knoblauchzehe
- ½ rote Paprika
- ½ EL Olivenöl
- 160 g gemischtes Hackfleisch
- 100 g Kalbsbrät
- 100 g rohe Chorizo-Würste
- 3 EL Semmelbrösel
- 1 Ei (M)
- 2 EL frisch gehackte Petersilie
- 1 TL frisch gehackter Rosmarin
- 2 TL Oregano, getrocknet
- Paprikapulver, edelsüß
- Salz
- frisch gemahlener Pfeffer

1. Zwiebel und Knoblauch schälen und fein würfeln. Die Paprika waschen und fein hacken. Das Olivenöl in einer beschichteten Pfanne erhitzen und Zwiebel, Knoblauch und Paprika darin unter Rühren ca. 5 Minuten anbraten. Herausnehmen und in eine große Schüssel geben.

2. Hackfleisch und Kalbsbrät dazugeben. Chorizo häuten, die Füllung zerzupfen und ebenfalls in die Schüssel geben. Semmelbrösel, Ei und Kräuter hinzufügen und die Masse kräftig mit Paprikapulver, Salz und Pfeffer würzen. Alles gut vermengen.

3. Den Nudelteig sehr dünn ausrollen und die Chorizo-Masse gleichmäßig mittig darauf verteilen, dabei die Kanten am oberen und unteren Rand frei lassen. Die Unterkante vorsichtig über der Füllung zur Mitte einschlagen, anschließend mit kaltem Wasser einstreichen. Dann die Oberkante nach unten schlagen und die Maultaschen verschließen. Mit einem Kochlöffel vorsichtig die einzelnen Maultaschen markieren und leicht zusammendrücken, dann mit einem scharfen großen Messer in einzelne Maultaschen schneiden. Nun in einem großen Topf reichlich Salzwasser aufkochen lassen und die Maultaschen darin portionsweise im siedenden Wasser (nicht mehr sprudelnd kochend!) in ca. 8–10 Minuten gar ziehen.

*Tipp* → Diese Maultaschen können Sie auch mit Merguez-Würstchen zubereiten.

# *Maultaschen* MIT SCHWEDISCHER LACHSFÜLLUNG

Die Maultaschen-Variante mit feiner Lachsfüllung zählt zu meinen Lieblings-Maultaschen. Dazu schmeckt eine Zitronen-Butter-Sauce oder eine Sahne-Dill-Sauce mit etwas Weißwein.

25 Minuten
+ 10 Minuten Garzeit

Für ca. 12 Stück

- ¼ Portion Maultaschenteig nach Grundrezept (Seite 9) oder Nudelteig aus dem Kühlregal
- 300 g Lachsfilet
- 100 g Räucherlachs
- 2 Frühlingszwiebeln
- 150 g Ricotta
- 2 EL frisch gehackter Dill
- 2 Eier (M)
- 20 g Semmelbrösel
- ½ EL Zitronensaft
- Salz
- frisch gemahlener Pfeffer

① Das Lachsfilet kalt abwaschen, trocken tupfen und zusammen mit dem Räucherlachs sehr fein hacken. Frühlingszwiebeln waschen, fein schneiden und mit Lachs und Ricotta in eine Schüssel geben. Dill, Eier, Semmelbrösel und Zitronensaft dazugeben und alles zu einer homogenen Masse vermengen. Die Lachsmasse mit Salz und Pfeffer kräftig würzen.

② Den Nudelteig sehr dünn ausrollen und die Lachs-Masse gleichmäßig mittig darauf verteilen, dabei die Kanten am oberen und unteren Rand frei lassen. Die Unterkante vorsichtig über der Füllung zur Mitte einschlagen, anschließend mit kaltem Wasser einstreichen. Dann die Oberkante nach unten schlagen und die Maultaschen verschließen. Mit einem Kochlöffel vorsichtig die einzelnen Maultaschen markieren und leicht zusammendrücken, dann mit einem scharfen großen Messer in einzelne Maultaschen schneiden. Nun in einem großen Topf reichlich Salzwasser aufkochen lassen und die Maultaschen darin portionsweise im siedenden Wasser (nicht mehr sprudelnd kochend!) in ca. 8–10 Minuten gar ziehen.

Tipp → Sie können die Maultaschen auch mit einem kräftigen Bergkäse und etwas frisch gehackter Petersilie zubereiten.

# Maultaschen MIT SÜDTIROLER EIERSCHWAMMERL-FÜLLUNG

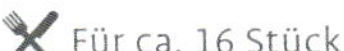

Ich liebe die Alpen-Küche und habe in Anlehnung an die Südtiroler Schlutzkrapfen meine Maultaschen mit Eierschwammerln und Südtiroler Speck gefüllt. Am besten schmeckt dazu eine frische Salbeibutter oder eine kräftige Rinderbrühe.

25 Minuten
+ 10 Minuten Garzeit

Für ca. 16 Stück

- ¼ Portion Maultaschenteig nach Grundrezept (Seite 9) oder Nudelteig aus dem Kühlregal
- ½ altbackenes Brötchen
- 40 ml Milch
- 40 g Südtiroler Speck
- 1 kleine Zwiebel
- 1 Knoblauchzehe
- 80 g braune Champignons
- 80 g Pfifferlinge (Eierschwammerl)
- Olivenöl
- 3 EL Parmesan, gerieben
- 60 g Blattspinat
- 60 g Ricotta
- 120 g Kalbsbrät
- 50 g Semmelbrösel
- 1 Ei (M)
- Paprikapulver, edelsüß
- Salz
- frisch gemahlener Pfeffer

① Das Brötchen zerzupfen, in eine Schüssel geben, mit der Milch übergießen und ca. 10 Minuten einweichen lassen. Den Speck in feine Würfel schneiden und in einer beschichteten Pfanne unter Rühren anbraten. Zwiebel und Knoblauch schälen, fein würfeln, zum Speck in die Pfanne geben und ca. 3 Minuten mitbraten. Aus der Pfanne nehmen und in eine große Schüssel geben.

② Champignons und Pfifferlinge gut putzen, klein hacken und in etwas Olivenöl ca. 5 Minuten unter Rühren anbraten, dann ebenfalls in die Schüssel geben. Den Parmesan und das leicht ausgedrückte Brötchen hinzufügen. Blattspinat waschen, gut trocken schütteln und fein hacken. Spinat, Ricotta, Kalbsbrät, Semmelbrösel und das Ei in die Schüssel geben. Mit Paprikapulver, Salz und Pfeffer kräftig würzen und alles gut vermengen.

③ Den Nudelteig sehr dünn ausrollen und die Pilz-Masse gleichmäßig mittig darauf verteilen, dabei die Kanten am oberen und unteren Rand frei lassen. Die Unterkante vorsichtig über der Füllung zur Mitte einschlagen, anschließend mit kaltem Wasser einstreichen. Dann die Oberkante nach unten schlagen und die Maultaschen verschließen. Mit einem Kochlöffel vorsichtig die einzelnen Maultaschen markieren und leicht zusammendrücken, dann mit einem scharfen großen Messer in einzelne Maultaschen schneiden. Nun in einem großen Topf reichlich Salzwasser aufkochen lassen und die Maultaschen darin portionsweise im siedenden Wasser (nicht mehr sprudelnd kochend!) in ca. 8–10 Minuten gar ziehen.

# *Maultaschen* MIT JAPANISCHER GYOZA-FÜLLUNG

Wenn wir japanisch essen gehen, bestelle ich immer Gyoza als Vorspeise. Die Füllung schmeckt auch super als Maultaschenfüllung, serviert werden diese Maultaschen am besten kalt oder in einer kräftigen Hühner- oder Rinderbrühe.

25 Minuten
+ 10 Minuten Garzeit

Für ca. 15 Stück

- ¼ Portion Maultaschenteig nach Grundrezept (Seite 9) oder Nudelteig aus dem Kühlregal
- 2 Frühlingszwiebeln
- 1 Knoblauchzehe
- 1 Karotte
- 20 g Ingwer, geschält
- 1 kleine frische Chilischote
- 1 EL Sesamöl
- 260 g gemischtes Hackfleisch
- 100 g Kalbsbrät
- 1 TL chinesisches Fünf-Gewürze-Pulver
- 1 Ei (M)
- 1 TL brauner Zucker
- 2 Semmelbrösel
- 3 EL Sojasauce
- 3 EL Hoisin-Sauce
- 1 EL japanischer Reisessig
- 2 EL gehackter Thai-Koriander
- Paprikapulver, edelsüß
- Salz
- frisch gemahlener Pfeffer

1. Frühlingszwiebeln waschen, Knoblauch schälen. Den weißen Teil der Frühlingszwiebeln und den Knoblauch fein hacken. Die Karotte schälen. Ingwer, Chili und Karotte fein hacken. Das Sesamöl in einer beschichteten Pfanne erhitzen. Frühlingszwiebeln, Knoblauch, Ingwer, Chili und Karotten darin ca. 5 Minuten bei mittlerer Hitze anbraten.

2. Den grünen Teil der Frühlingszwiebeln fein hacken und mit dem Hackfleisch, dem Kalbsbrät und dem Fünf-Gewürze-Pulver in eine große Schüssel geben. Das angebratene Gemüse und die restlichen Zutaten hinzufügen und alles zu einer gleichmäßigen Masse vermengen.

3. Den Nudelteig sehr dünn ausrollen und die Gyoza-Masse gleichmäßig mittig darauf verteilen, dabei die Kanten am oberen und unteren Rand frei lassen. Die Unterkante vorsichtig über der Füllung zur Mitte einschlagen, anschließend mit kaltem Wasser einstreichen. Dann die Oberkante nach unten schlagen und die Maultaschen verschließen. Mit einem Kochlöffel vorsichtig die einzelnen Maultaschen markieren und leicht zusammendrücken, dann mit einem scharfen großen Messer in einzelne Maultaschen schneiden. Nun in einem großen Topf reichlich Salzwasser aufkochen lassen und die Maultaschen darin portionsweise im siedenden Wasser (nicht mehr sprudelnd kochend!) in ca. 8–10 Minuten gar ziehen.

# Maultaschen MIT ITALIENISCHER FÜLLUNG

Die italienischen Maultaschen schmecken besonders gut mit Tomatensauce oder zusätzlich mit Mozzarella überbacken aus dem Ofen.

25 Minuten
+ 10 Minuten Garzeit

Für ca. 15 Stück

- ¼ Portion Maultaschenteig nach Grundrezept (Seite 9) oder Nudelteig (Kühlregal)
- 1 kleine Zwiebel
- 1 Knoblauchzehe
- neutrales Öl
- ½ altbackenes Brötchen
- 40 ml Milch
- 200 g gemischtes Hackfleisch
- 170 g Kalbsbrät
- ½ EL Thymianblättchen
- 1 TL Oregano, getrocknet
- 3 EL Petersilie, gehackt
- 3 EL Basilikum, gehackt
- 1 TL Rosmarin, gehackt
- 1 TL Paprikapulver
- 1 Msp. Muskatnuss, gerieben
- 50 g frischer Blattspinat
- 40 g getrocknete Tomaten in Öl
- 1 Ei (M)
- 2 EL Parmesan, gerieben
- 1–2 EL Semmelbrösel
- Salz, Pfeffer

① Zwiebel und Knoblauch schälen, fein würfeln und in einer Pfanne in etwas Öl bei mittlerer Hitze glasig andünsten. Brötchen in Stücke zupfen und in der Milch einweichen.

② Das Hackfleisch mit dem Kalbsbrät, den angedünsteten Zwiebeln und den Kräutern und Gewürzen in eine große Schüssel geben. Blattspinat waschen, trocken tupfen und klein schneiden. Getrocknete Tomaten abtropfen lassen, klein hacken und mit Spinat, dem Ei, Parmesan und dem eingeweichten Brötchen samt Milch in die Schüssel geben. Alles gut vermengen, salzen und pfeffern und je nach Feuchtigkeit und Konsistenz der Masse 1–2 EL Semmelbrösel untermengen.

③ Den Nudelteig sehr dünn ausrollen und die Füllung gleichmäßig mittig darauf verteilen, dabei die Kanten am oberen und unteren Rand frei lassen. Die Unterkante vorsichtig über der Füllung zur Mitte einschlagen, anschließend mit kaltem Wasser einstreichen. Dann die Oberkante nach unten schlagen und die Maultaschen verschließen. Mit einem Kochlöffel vorsichtig die einzelnen Maultaschen markieren und leicht zusammendrücken, dann mit einem scharfen großen Messer in einzelne Maultaschen schneiden. Nun in einem großen Topf reichlich Salzwasser aufkochen lassen und die Maultaschen darin portionsweise im siedenden Wasser (nicht mehr sprudelnd kochend!) in ca. 8–10 Minuten gar ziehen.

Meine Lieb-
lingsrezepte aus
diesem Kapitel sind die
**spanischen Croquetas mit**
**Schwarzwälder Schinken**
und das **vietnamesische**
**Bánh Mí mit Roter**
**Wurst**.

# Fingerfood

Fingerfood geht immer, egal ob zum Snacken, für eine Party oder eine Hochzeit. In diesem Kapitel finden Sie zehn Fingerfood-Rezepte von schwäbischen Fleischküchle über belegte Brote, Flädle-Röllchen bis hin zu Spießen mit Schupfnudeln. Inspiration habe ich mir aus Vietnam, Schweden, Spanien und Italien geholt.

# Fleischküchle ASIA-STYLE

Fleischküchle isst der Schwabe gerne auf einem Weckle, zum Kartoffelsalat oder ganz deftig mit Spätzle und Rahmsauce. Als Fingerfood kommen sie bei uns mit asiatischem Koriander, Ingwer, Chili und Limette aufs Partybüfett.

15 Minuten
+ 10 Minuten Garzeit

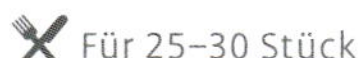
Für 25–30 Stück

- 40 g altbackenes Weißbrot
- 700 g Rinderhackfleisch
- 2 Frühlingszwiebeln
- 30 g Koriander
- 1 cm Stück Ingwer
- ½ kleine rote Chilischote
- 2 Eier (M)
- 30 g Naturjoghurt
- 2 TL Limettensaft
- Salz
- frisch gemahlener Pfeffer
- 2–3 EL neutrales Öl
- süße Chilisauce

1. Das Weißbrot für ca. 10 Minuten in kaltem Wasser einweichen. Anschließend gut ausdrücken und mit dem Hackfleisch in eine große Schüssel geben.
2. Frühlingszwiebeln und Koriander waschen und sehr fein hacken. Ingwer schälen und zusammen mit der Chilischote fein hacken. Alle gehackten Zutaten, Eier, Naturjoghurt und Limettensaft hinzufügen. Mit Salz und Pfeffer würzen, dann alles zu einer homogenen Masse verkneten.
3. Aus der Hackmasse ca. 25–30 kleine Bällchen formen. Die Fleischküchle im heißen Öl in einer beschichteten Pfanne rundum goldbraun anbraten.
4. Die Fleischküchle zusammen mit der süßen Chilisauce servieren.

*Tipp* → Nach Belieben können die Fleischküchle auch als Hähnchen-Fleischküchle zubereitet werden. Beim Metzger bekommen Sie kein gewolftes Hühnerfleisch. Sie können es aber zu Hause ganz einfach selbst herstellen, wenn Sie einen Fleischwolf besitzen. Achten Sie bei der Verarbeitung nur darauf, dass das Fleisch immer gut gekühlt ist.

*Tipp* → In Spanien werden diese Tapas klassisch mit Serrano-Schinken zubereitet. Für vegetarische Croquetas einfach den Schinken weglassen und mehr Manchego hinzufügen.

# Spanische Croquetas
## MIT SCHWARZWÄLDER SCHINKEN

Den spanischen Tapas-Klassiker bereite ich mit würzigem Schwarzwälder Schinken zu. Der passt toll zum cremigen Manchego und schmeckt super in den knusprigen Kroketten.

2 Stunden 15 Minuten
+ 50 Minuten Garzeit

Für 24 Stück

- 1 Schalotte
- 1 kleine Knoblauchzehe
- 50 g Butter
- 800 ml Vollmilch
- 60 g Mehl
- Salz
- frisch gemahlener Pfeffer
- Muskatnuss, frisch gerieben
- 60 g Schwarzwälder Schinken
- 50 g Manchego-Käse, gerieben
- 2 Eier (M)
- etwas Mehl
- 4–5 EL Semmelbrösel
- neutrales Pflanzenöl zum Frittieren

① Schalotte und Knoblauch schälen, sehr fein hacken und in der Butter ca. 5 Minuten unter Rühren glasig dünsten. Die Milch in einem separaten Topf erhitzen, jedoch nicht aufkochen lassen.

② Das Mehl zu den Zwiebeln geben und gut verrühren. Anschließend nach und nach die heiße Milch mit einem Schneebesen unterrühren. Es entsteht eine Art dicke Béchamelsauce. Mit Salz, Pfeffer und Muskatnuss würzen. Die Béchamelsauce ca. 45 Minuten bei geringer bis mittlerer Hitze köcheln lassen, dabei immer wieder umrühren.

③ Schwarzwälder Schinken klein schneiden, Manchego fein reiben. Beides unter die Béchamelsauce rühren. Eine flache, rechteckige Form mit Frischhaltefolie auskleiden, die Béchamelmasse darin verteilen und glatt streichen. Mit Frischhaltefolie abdecken, damit sich keine Haut bildet und für ca. 2 Stunden in den Kühlschrank stellen.

④ Aus der nun festen Béchamelmasse kleine Bällchen oder Kroketten formen.

⑤ Die Eier in einem tiefen Teller verquirlen, das Mehl und die Semmelbrösel jeweils auf einen Teller geben. Die Bällchen zunächst in etwas Mehl wenden, anschließend durch das Ei ziehen und zum Schluss in Semmelbröseln wenden. Pflanzenöl in einem hohen Topf oder einer Fritteuse auf ca. 180 °C erhitzen (Stäbchenprobe, wenn Bläschen aufsteigen, hat das Öl die richtige Temperatur). Die Croquetas portionsweise im heißen Fett frittieren, anschließend mit einem Schaumlöffel herausheben und auf Küchenpapier abtropfen lassen. Sofort servieren.

# Smørrebrød MIT KALTEM SCHWEINEBRATEN UND CURRY-MANGO-SAUCE

Wenn vom Schweinebraten am Sonntag noch Reste übrig sind, schmecken die auch als kalter Braten zum Vesper wunderbar. Bei dieser Smørrebrød-Variante kommen Braten, cremige Curry-Mango-Sauce und frische Mango auf die Brotscheiben.

 10 Minuten

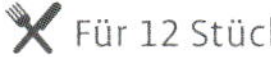 Für 12 Stück

- 25 g Mayonnaise
- 30 g Crème fraîche
- 25 g Mango-Chutney
- 1 TL Zitronensaft
- 1 Spritzer Worcestershire Sauce
- 1 Spritzer Chilisauce
- ½ TL Madras Currypulver
- Salz
- frisch gemahlener Pfeffer
- 12 Scheiben Baguette oder Vollkornbrot
- 24 Scheiben kalter Schweinebraten
- 12 dünne Scheiben Mango

1. Für die Curry-Mango-Sauce die Mayonnaise mit Crème fraîche, Mango-Chutney, Zitronensaft, Worcestershire Sauce, Chilisauce und Currypulver verrühren und mit Salz und Pfeffer abschmecken.
2. Die Baguettescheiben mit der Curry-Mango-Sauce dünn bestreichen und mit je 2 Scheiben kaltem Schweinebraten belegen. Mit der restlichen Sauce beträufeln und mit Mangoscheiben belegen.

*Tipp* → Anstelle von kaltem Schweinebraten schmecken diese Smørrebrød auch mit Putenbraten oder gebratener und in Scheiben geschnittener Hähnchenbrust.

# Smørrebrød MIT ALBLINSEN-SCHINKEN UND PREISELBEEREN

Die üppig belegten Brotscheiben haben in Schweden Tradition. Es gibt sie mit allerlei Köstlichkeiten belegt. Die schwäbische Variante wird mit feinstem Alblinsenschinken und typisch schwedischen Preiselbeeren belegt.

10 Minuten

Für 12 Stück

- 12 Scheiben Baguette oder Vollkornbrot
- etwas Butter
- 24 Scheiben Alblinsen-schinken
- 50 g Preiselbeeren (im Glas)
- Salz
- frisch gemahlener Pfeffer
- etwas Schnittlauch

1. Die Baguettescheiben mit Butter bestreichen und mit je 2 Scheiben Alblinsenschinken belegen.
2. Ein Klecks Preiselbeeren auf den Schinken geben, die Smørrebrød mit Salz und Pfeffer bestreuen und mit je einem Schnittlauchhalm garnieren.

*Tipp* → Smørrebrød sind ideal als kleine Häppchen zwischendurch, zu einer Party oder einem Sektempfang. Den Alblinsenschinken für dieses Smørrebrød bekommen Sie bei der Metzgerei Failenschmid.

# SCHWARZWÄLDER *Forellen-Röllchen*

Die frischen Röllchen aus Gurke und Forellenmousse schmecken sehr fein und sind blitzschnell gemacht.

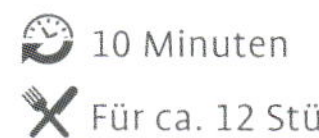

10 Minuten

Für ca. 12 Stück

- 1 Salatgurke
- 150 g Räucherforellenfilets
- 80 g Doppelrahmfrischkäse
- 70 g Schmand
- 2 EL frisch gehackter Dill
- 1–2 TL Meerrettich
- ¼ TL Dijonsenf
- ½ EL Limettensaft
- Salz
- frisch gemahlener Pfeffer
- ½ Kästchen Kresse
- 2 EL Schnittlauchröllchen

**Außerdem:**

Zahnstocher oder Party-Picker zum Fixieren der Röllchen

1. Die Salatgurke waschen und der Länge nach mit einem Sparschäler in breite Streifen schneiden. Für das Forellenmousse die Forellenfilets in einer Schüssel mit einer Gabel zerdrücken. Frischkäse, Schmand, Dill, Meerrettich, Dijonsenf und Limettensaft dazugeben und alles zu einer gleichmäßigen Creme verrühren. Die Creme mit Salz und frisch gemahlenem Pfeffer abschmecken.

2. Die Gurkenstreifen mit der Forellenmousse bestreichen, mit etwas Kresse und Schnittlauch bestreuen und zu Röllchen aufrollen. Die Röllchen mit kleinen Spießen fixieren.

# Flädle-Röllchen MIT LACHS-KORIANDER-TATAR

In der Rinderbrühe essen die Schwaben am liebsten Flädle. Als Fingerfood schmecken sie aber auch mit einem feinen Lachs-Koriander-Tatar gefüllt vorzüglich.

40 Minuten
+ 10 Minuten Garzeit

Für ca. 24 Stück

- 125 g Mehl
- Salz
- 250 ml Vollmilch
- 1 Ei
- 200 g Lachsfilet in Sashimi-Qualität
- 100 g Räucherlachs
- 2 Frühlingszwiebeln
- 1 EL Olivenöl
- 1 EL Sesamöl
- 1 EL frisch gehackter Koriander
- 1 EL Zitronensaft
- nach Belieben 1 Spritzer Sojasauce
- frisch gemahlener Pfeffer
- Butter zum Ausbacken der Flädle

**Außerdem:**

- Zahnstocher oder Party-Picker zum Fixieren der Röllchen

1. Für den Flädleteig Mehl, 1 Prise Salz und Milch in eine Rührschüssel geben und mit dem Schneebesen glatt rühren, dann das Ei unterrühren. Den Teig mit Frischhaltefolie abgedeckt ca. 30 Minuten ruhen lassen.
2. Lachs und Räucherlachs in sehr feine Würfel schneiden. Frühlingszwiebeln waschen und fein hacken. Den Lachs in einer Schüssel mit den Frühlingszwiebeln, Olivenöl, Sesamöl, Koriander und Zitronensaft vermengen. Das Tatar mit Sojasauce, Salz und Pfeffer abschmecken.
3. In einer großen, beschichteten Pfanne etwas Butter erhitzen und nacheinander 4 sehr dünne Flädle ausbacken. Das Lachs-Koriander-Tatar auf allen Flädle gleichmäßig verteilen. Die Flädle zu festen Rollen aufrollen. Jede Rolle in ca. 6 Stücke schneiden und mit einem Zahnstocher oder Party-Picker fixieren. Die Flädle-Röllchen bis zum Servieren mit Frischhaltefolie abgedeckt in den Kühlschrank stellen.

*Tipp* → Besonders fein wird das Tatar mit Thai-Koriander und etwas geröstetem Sesam.

*Tipp* → Die Flädle-Röllchen bis zum Servieren mit Frischhaltefolie abgedeckt in den Kühlschrank stellen.

# Flädle-Röllchen MIT MEDITERRANEM GEMÜSETATAR UND TOMATENFRISCHKÄSE

Diese sommerlichen, vegetarischen Flädle-Röllchen schmecken wunderbar nach Süden. Ganz besonders fein ist der Tomatenfrischkäse mit gerösteten Pinienkernen.

40 Minuten
+ 10 Minuten Garzeit

Für 24 Stück

- 125 g Mehl
- Salz
- 250 ml Vollmilch
- 1 Ei
- Butter zum Ausbacken der Flädle
- ½ EL Pinienkerne
- 1 Knoblauchzehe
- 2 große Tomaten
- Olivenöl
- 150 g Doppelrahm-frischkäse
- 1 EL frisch gehackter Basilikum
- frisch gemahlener Pfeffer
- 1 Zucchini
- 1 kleine gelbe Paprika
- 1 kleine Zwiebel
- 50 g getrocknete Tomaten (in Öl eingelegt)
- 2 EL zerbröselter Feta
- 2 TL Oregano, getrocknet
- 1 TL Rosmarin, getrocknet
- Paprikapulver, edelsüß

① Für den Flädleteig Mehl, 1 Prise Salz und Milch in eine Rührschüssel geben und mit dem Schneebesen glatt rühren, dann das Ei unterrühren. Den Teig mit Frischhaltefolie abgedeckt ca. 30 Minuten ruhen lassen.

② Für den Tomatenfrischkäse die Pinienkerne in einer beschichteten Pfanne ohne Fett goldgelb rösten. Knoblauch schälen und fein hacken. Tomaten waschen und in Scheiben schneiden. Pinienkerne aus der Pfanne nehmen und 1 TL Olivenöl darin erhitzen. Knoblauch und Tomatenscheiben bei mittlerer Hitze ca. 3 Minuten anbraten, aus der Pfanne nehmen und die Tomatenhäute abziehen. Pinienkerne fein hacken, mit den Tomaten in eine Schüssel geben und mit einer Gabel zerdrücken. Frischkäse und Basilikum unterheben, mit Salz und Pfeffer abschmecken.

③ Für das Gemüsetatar Zucchini und Paprika waschen, entkernen und sehr fein würfeln. Zwiebel schälen und fein hacken. Etwas Olivenöl in der Pfanne erhitzen und das Gemüse bei mittlerer Hitze ca. 5–8 Minuten unter Rühren anbraten. Das Gemüse in eine Schüssel geben und etwas abkühlen lassen. Die getrockneten Tomaten abtropfen lassen, fein hacken und untermischen. Feta, Oregano und Rosmarin untermischen und das Gemüsetatar mit Paprikapulver, Salz und Pfeffer abschmecken.

④ In einer beschichteten Pfanne in etwas Butter nacheinander 4 sehr dünne Flädle backen. Die Flädle mit dem Tomatenfrischkäse bestreichen und das Gemüsetatar auf ihnen verteilen. Aufrollen, jede Rolle in ca. 6 Stücke schneiden und mit einem Zahnstocher oder Party-Picker fixieren.

# Mediterrane Grillspieße
## MIT SCHUPFNUDELN, CHORIZO UND GEMÜSE

Schupfnudeln können auch ohne Kraut und Speck! Mit spanischer Chorizo und Gemüse werden sie zu leckeren Grillspießen.

5 Minuten
+ 10 Minuten Garzeit

Für 12 Spieße

- 180 g Zucchini
- 150 g gelbe Paprika
- 150 g Chorizo-Würste
- ½ EL Butter
- 36 Schupfnudeln (ca. 250 g)
- 1 EL Olivenöl
- 1 EL Pizzagewürz
- Salz
- frisch gemahlener Pfeffer

**Außerdem:**

12 Partyspieße
z. B. aus Bambus

1. Zucchini und Paprika waschen. Zucchini halbieren und in 12 Stücke schneiden, Paprika entkernen und in 12 Stücke schneiden. Die Chorizo-Würste in 24 Stücke schneiden.
2. Die Butter in einer großen Pfanne erhitzen und die Schupfnudeln darin goldgelb anbraten. Aus der Pfanne nehmen und das Olivenöl darin erhitzen. Zucchini und Paprika darin ca. 6 Minuten anbraten. Die Pfanne mit einem Küchentuch auswischen und die Chorizo etwa 5 Minuten in der Pfanne anbraten.
3. Je 3 Schupfnudeln, 2 Stücke Chorizo, 1 Stück Zucchini und 1 Stück Paprika auf einen Spieß stecken. Die Spieße mit dem Pizzagewürz, etwas Salz und Pfeffer würzen.

*Tipp* → Für eine vegetarische Variante können Sie die Spieße auch mit Halloumi oder anderem Grillkäse zubereiten.

# ITALIENISCHES Pull-Apart-Hefebrot

Der Hefezopf kommt in meiner Heimat mit Rosinen und Mandeln auf den Frühstückstisch. Als herzhaftes Hefebrot essen wir ihn besonders gerne mit italienischem Pesto oder Kräuterbutter gefüllt.

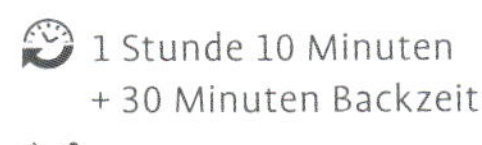

1 Stunde 10 Minuten
+ 30 Minuten Backzeit

Für 1 Zopf

- 600 g Mehl
- 1 Würfel Hefe
- ½ TL Zucker
- 300 g lauwarmes Wasser
- Salz
- 1 TL italienisches Brotgewürz
- 4–5 EL Olivenöl
- 1 Knoblauchzehe
- 1 Schalotte
- 3 EL frisch gehackte Kräuter (z. B. Schnittlauch, Petersilie, Basilikum)
- frisch gemahlener Pfeffer
- 100 g weiche Butter

① Das Mehl in eine Schüssel geben und eine Mulde in die Mitte drücken. Die Hefe mit dem Zucker im lauwarmen Wasser auflösen und in die Mulde gießen. Mit ca. 1 EL Mehl vom Rand zu einem Vorteig verrühren und abgedeckt ca. 10 Minuten ruhen lassen.

② 1–2 TL Salz, italienisches Brotgewürz und Olivenöl dazugeben und alles mit den Knethaken des Handrührgeräts oder in der Küchenmaschine zu einem glatten Hefeteig verarbeiten. Den Hefeteig ca. 45 Minuten zugedeckt ruhen lassen.

③ Für die Kräuterbutter Knoblauch und Schalotte schälen und sehr fein hacken und zusammen mit den Kräutern, etwas Salz und Pfeffer unter die Butter mengen.

④ Den Backofen auf 200 °C Ober-/Unterhitze vorheizen und eine rechteckige Auflaufform mit etwas Butter einfetten. Den Hefeteig zu einem backblechgroßen Rechteck ausrollen und mit der Kräuterbutter bestreichen. Die Teigplatte in ca. 5 cm breite Streifen schneiden und diese ziehharmonikaartig falten. Die Stücke eng nebeneinander in die Auflaufform setzen und ca. 20 Minuten abgedeckt gehen lassen. Anschließend im Ofen (Mitte) ca. 30 Minuten goldgelb backen. Das Pull-Apart-Hefebrot noch warm oder kalt servieren.

*Tipp* → Sie können das Pull-Apart-Hefebrot auch mit Pesto zubereiten.

# Vietnamesisches Bánh Mì
## MIT ROTER WURST

In Vietnam ist Bánh Mì mit unterschiedlichsten Füllungen klassisches Street Food. Bei meiner Crossover-Variante fülle ich die Baguettebrötchen mit gegrillter Roter Wurst, frischem Gemüse und leckerer BBQ-Sauce.

40 Minuten
+ 5 Minuten Garzeit

Für 4 Stück

- 1 Karotte
- ¼ Salatgurke
- 2 EL heller Balsamicoessig
- 1 EL Reisessig
- 1 Prise Zucker
- Salz
- 1 EL BBQ-Sauce
- 1 EL scharfe Chilisauce
- 1 EL Sojasauce
- 2 Frühlingszwiebeln
- 4 Rote Würste
- 4 Baguettebrötchen
- 2 EL Mayonnaise
- 2 Tomaten
- 1 kleine rote Chili
- 4 Stängel Koriander
- frisch gemahlener Pfeffer

1. Karotte schälen und zusammen mit der Gurke in dünne Streifen schneiden. Das Gemüse mit Balsamicoessig, Reisessig, Zucker und etwas Salz in eine Schüssel geben und ca. 30 Minuten marinieren lassen. Die BBQ-Sauce mit Chilisauce und Sojasauce verrühren.

2. Die Frühlingszwiebeln waschen und in feine Ringe schneiden. Die Würste mit einem Messer mehrmals einritzen und auf dem Grill oder in einer Grillpfanne zubereiten. Die Brötchen längs halbieren und die Unterseiten jeweils mit etwas Mayonnaise bestreichen.

3. Die Brötchen mit je einer Wurst belegen und mit einem Klecks BBQ-Sauce beträufeln. Das eingelegte Gemüse etwas abtropfen lassen und auf die Brötchen verteilen. Die Tomaten waschen, in dünne Scheiben schneiden und ebenfalls auf die Brötchen verteilen. Chili und Koriander waschen und grob hacken. Die Bánh Mì mit Chili und Koriander sowie Salz und Pfeffer toppen.

*Tipp* → Anstelle von frischer Karotte und Gurke können Sie für diese Bánh Mì-Brötchen auch bereits fertig zubereitete Mixed Pickels aus dem Glas verwenden. Klassischerweise werden die Brötchen in Vietnam auch noch mit Leberpastete bestrichen, auch das können Sie nach Belieben gerne ergänzen.

Meine Lieblings-
rezepte aus diesem
Kapitel sind der **Kartoffel-
salat mit Gomadressing
und Tuna-Tataki** und der
**Alblinsensalat mit
Garnelen**.

# Suppen und Salate

In diesem Kapitel zeige ich Ihnen acht Rezepte für Suppen und Salate, die Sie gut als Vorspeise und natürlich auch als Hauptspeise zubereiten können. Von der klassischen schwäbischen Rinderbrühe über den Kartoffelsalat bis hin zu einem Rezept mit Spätzle ist alles dabei, allerdings mit internationalen Einflüssen aus Asien und dem Pinzgau in Österreich.

stone washed
pure linen.

# Kartoffelsuppe MIT KOKOS UND SÜSSKARTOFFEL

Kartoffelsuppe gab es in meiner Kindheit oft mit Saitenwürstle und Brotwürfeln. Mit Süßkartoffeln und Kokosmilch schmeckt sie mir aber auch besonders gut und sie ist im Herbst und Winter einfach leckeres Soulfood.

10 Minuten
+ 30 Minuten Garzeit

Für 4–6 Portionen

- 1 Zwiebel
- 1 Süßkartoffel
- 550 g Kartoffeln
- 2–3 EL Butter
- 1 Stück Ingwer (ca. 2 cm)
- Salz
- frisch gemahlener Pfeffer
- 1 Lorbeerblatt
- 850 ml Gemüsefond
- 150 ml Kokosmilch
- Muskatnuss, frisch gerieben
- 2 TL Zitronensaft
- 6 Stängel Koriander

① Die Zwiebel schälen und fein würfeln. Süßkartoffel und Kartoffeln schälen, anschließend würfeln. Die Butter in einem großen Topf erhitzen, Zwiebel- und Kartoffelwürfel darin andünsten. Ingwer schälen, fein würfeln und in den Topf geben. Alles unter Rühren ca. 5 Minuten dünsten. Dann mit Salz und Pfeffer würzen, das Lorbeerblatt hinzufügen und mit dem Gemüsefond aufgießen.

② Alles einmal aufkochen lassen, dann zugedeckt bei mittlerer Hitze ca. 20–25 Minuten köcheln lassen. Das Lorbeerblatt entfernen, die Suppe fein pürieren und die Kokosmilch unterrühren. Die Suppe mit Salz, Pfeffer, Muskatnuss und Zitronensaft abschmecken. Mit Korianderblättchen bestreut servieren.

# Schwäbische Rinderbrühe
## MIT PINZGAUER KASPRESSKNÖDEL

Die Pinzgauer Kaspressknödel sind in der kräftigen Rinderbrühe eine tolle Alternative zur schwäbischen Maultasche.

10 Minuten
+ 3 Stunden Garzeit

Für 4 Portionen

- 2 saubere Zwiebeln
- 2 Karotten
- ½ Stange Lauch
- 1 kleines Stück Sellerie
- 1 Petersilienwurzel
- 4–5 Rinderknochen
- 700 g Ochsenschwanz
- 600 g Beinscheibe vom Rind
- 3 l kaltes Wasser
- 3 Stängel Petersilie
- ½ EL schwarze Pfefferkörner
- Salz und Pfeffer
- 300 g Knödelbrot
- 250 ml Milch
- 1 kleine Zwiebel
- 1 TL Olivenöl
- 125 g Pinzgauer oder Bergkäse
- 2 Eier (M)
- 3 EL gehackte Petersilie
- Muskatnuss
- Butterschmalz
- 2 EL Petersilie oder Schnittlauchröllchen

1. Für die Rinderbrühe die Zwiebeln halbieren und in einem großen Topf bei großer Hitze ohne Fett mit den Schnittflächen nach unten rösten, bis sie sehr dunkel sind. Karotten, Lauch, Sellerie und Petersilienwurzel putzen, ggf. schälen, waschen und in grobe Stücke schneiden. Das Gemüse zusammen mit den Rinderknochen zu den Zwiebeln in den Topf geben und kurz mitrösten. Ochsenschwanz und Beinscheibe hinzufügen und mit 3 Litern kaltem Wasser aufgießen. Petersilie und Pfefferkörner dazugeben und alles einmal aufkochen, dann bei kleiner Hitze offen ca. 2–3 Stunden köcheln lassen. Anschließend die Brühe durch ein feines Sieb abgießen. Die Rinderbrühe salzen und pfeffern, erneut aufkochen und ca. 10 Minuten köcheln lassen.

2. Für die Kaspressknödel das Knödelbrot zerzupfen oder würfeln und in eine große Schüssel geben. Die Milch erhitzen, das Knödelbrot damit übergießen und ca. 5 Minuten ziehen lassen. Zwiebel schälen und sehr fein würfeln. Das Olivenöl in einer beschichteten Pfanne erhitzen, die Zwiebeln darin glasig dünsten und zum Knödelbrot geben. Den Käse in sehr kleine Würfel schneiden und zusammen mit den Eiern und der Petersilie hinzufügen. Die Masse kräftig mit Muskatnuss, Salz und Pfeffer würzen und alles gut vermengen. Mit feuchten Händen kleine Knödel formen. Die Knödel in einer Pfanne in heißem Butterschmalz goldbraun backen. Anschließend in der Rinderbrühe mit etwas frischer Petersilie oder Schnittlauchröllchen servieren.

# Kartoffelsalat MIT THAI-SPARGEL UND MISO-DRESSING

Der schwäbische Kartoffelsalat wird mit Thaispargel und einem feinen Miso-Dressing mit Sesamöl und Limettensaft verfeinert.

2 Stunden
+ 35 Minuten Garzeit

Für 4–6 Portionen

- 400 g Thaispargel
- Salz
- 1 kg Salatkartoffeln (z. B. Sieglinde)
- 1 Schalotte
- 1 EL neutrales Öl
- 300 ml Fleischbrühe
- 3 EL Weißweinessig
- 2 EL helle Miso-Paste
- 2 EL Sesamöl
- 2 EL Limettensaft
- 2 EL Olivenöl
- frisch gemahlener Pfeffer
- 1 Prise Zucker
- 1 EL gerösteter Sesam
- ½ EL frisch gehackter Thai-Koriander

1. Den Thaispargel waschen, die unteren Enden abschneiden und den Spargel in reichlich Salzwasser ca. 3–4 Minuten garen, anschließend abgießen und kalt abschrecken.
2. Die Kartoffeln mit Schale kochen, sie sollten dabei nicht zerfallen. Kartoffeln abgießen und etwas ausdampfen lassen. Noch lauwarm pellen und in Scheiben schneiden. Kartoffeln in eine Schüssel geben.
3. Die Schalotte schälen, fein würfeln und in einem Topf in etwas Öl anschwitzen, bis sie glasig sind. Schalotten mit der Fleischbrühe ablöschen und Weißweinessig, Miso-Paste, Sesamöl und Limettensaft einrühren. Das Dressing über die Kartoffeln geben und alles gut vermengen.
4. Den Salat mit Olivenöl, Salz, Pfeffer und 1 Prise Zucker kräftig abschmecken. Mit geröstetem Sesam und nach Belieben mit dem gehackten Thai-Koriander bestreut servieren.

*Tipp* → Der Salat ist eine tolle Beilage zum Grillen. Dazu schmecken Rindersteaks, Hähnchenbrustfilet und gebratenes Lachsfilet.

# Kartoffelsalat MIT GOMA-DRESSING UND TUNA-TATAKI

Zur japanisch inspirierten Vorspeise wird der schwäbische Kartoffelsalat mit einem Tuna-Tataki und einem cremigen Sesamdressing.

2 Stunden 15 Minuten + 35 Minuten Garzeit

Für 4 Personen

- 400 g Thunfischfilet (Sashimi-Qualität)
- 2 EL Sojasauce
- 2 EL Limettensaft
- 600 g Salatkartoffeln
- 1 kleine Zwiebel
- neutrales Öl
- 150 ml Fleischbrühe
- 2–3 EL Weißweinessig
- 1 TL Dijonsenf
- 2 EL Olivenöl
- Salz und Pfeffer
- 1 rote Frühlingszwiebel
- 1–2 EL Thai-Koriander

**Gomadressing:**

- 2 EL Tahinipaste
- 2 EL helle Sojasauce
- 1 TL Zucker
- 1 EL helle Miso-Paste (Shiro-Miso)
- 1 ½ Limetten
- 2 EL gerösteter Sesam
- neutrales Öl
- Salz und Pfeffer

① Das Thunfischfilet kalt abwaschen und trocken tupfen. Sojasauce und Limettensaft verrühren und den Thunfisch darin einlegen. Ca. 1–2 Stunden abgedeckt im Kühlschrank marinieren lassen. Die Kartoffeln waschen, mit Schale kochen und etwas ausdampfen lassen. Noch lauwarm pellen und in Scheiben schneiden. Kartoffeln in eine Schüssel geben.

② Die Zwiebel schälen, fein würfeln und in einem Topf in etwas Öl anschwitzen, bis sie glasig sind. Zwiebeln mit der Fleischbrühe und dem Weißweinessig ablöschen und den Dijonsenf unterrühren. Die Brühe über die heißen Kartoffeln geben und das Olivenöl hinzufügen. Mit Salz und Pfeffer würzen und alles gut vermengen. Den Kartoffelsalat ca. 1–2 Stunden ziehen lassen. Frühlingszwiebel waschen, in feine Ringe schneiden und mit dem gehackten Koriander unter den Kartoffelsalat mengen.

③ Tahinipaste, Sojasauce, Zucker und Miso-Paste verrühren. Etwa 3–4 EL Wasser hinzufügen und zu einem homogenen Dressing verrühren. Das Dressing mit dem Saft von ½ Limette, Salz und Pfeffer abschmecken. Den Thunfisch aus der Marinade nehmen, in geröstetem Sesam wenden und in einer beschichteten Pfanne in etwas neutralem Öl von beiden Seiten jeweils 1–2 Minuten je nach Dicke des Thunfischfilets anbraten. Der Thunfisch soll innen noch roh bleiben. Thunfisch in Scheiben schneiden und zusammen mit dem Kartoffelsalat, Limettenspalten und dem Gomadressing servieren.

# Spätzle-Salat
## MIT ASIA-DRESSING

Dieser asiatische „Nudelsalat“ mit schwäbischen Spätzle und Asia-Dressing passt gut als Beilage zu Grillfleisch, gebratenem Hühnchen oder einfach pur als Salat.

10 Minuten
+ 10 Minuten Garzeit

Für 4 Portionen

- 500 g frische Spätzle (selbstgemacht oder aus dem Kühlregal)
- Salz
- 200 g Pak Choi
- 1 rote Paprika
- 1 gelbe Paprika
- Olivenöl
- frisch gemahlener Pfeffer
- Saft von 2 Limetten
- Saft von ½ Zitrone
- 2 EL Sesamöl
- 2 EL Sojasauce
- 1 Prise Zucker
- 2 EL frisch gehackter Koriander
- 2 EL gerösteter Sesam

① Die Spätzle in reichlich Salzwasser garen, abtropfen lassen und kalt abschrecken.

② Pak Choi und Paprika waschen. Pak Choi in feine Streifen schneiden. Die Paprika entkernen und in dünne Streifen schneiden. Etwas Olivenöl in einer beschichteten Pfanne erhitzen und die Paprikastreifen ca. 5 Minuten unter Rühren anbraten. Pak Choi dazugeben und weitere 5 Minuten braten. Das Gemüse salzen und pfeffern und mit den Spätzle in einer großen Schüssel vermengen.

③ Für das Asia-Dressing Limetten- und Zitronensaft verrühren. Sesamöl, Sojasauce, 1 Prise Zucker und den frisch gehackten Koriander unterrühren. Das Dressing mit Salz und Pfeffer würzen und über die Spätzle geben. Mit geröstetem Sesam bestreuen und alles gut vermengen.

# Filderkrautsalat
## COLE-SLAW-STYLE

In den USA wird Cole Slaw mit Mayonnaise gerne zu Burger und Co. gegessen. Schwaben marinieren Filderkraut gewöhnlich mit Essig und Öl. Aber auch das Filderkraut schmeckt hervorragend als Cole Slaw.

15 Minuten
+ 4 Stunden Ziehzeit

Für 4 Portionen

- 350 g Filderkraut
- 2 große Karotten
- 2 TL Zucker
- 2 TL Salz
- 120 g Mayonnaise
- 2 EL Apfelbalsamico
- 1 TL brauner Zucker
- 2 Frühlingszwiebeln
- 2 EL frisch gehackte Petersilie
- 2 TL Zitronensaft
- Salz
- frisch gemahlener Pfeffer

① Das Filderkraut waschen, putzen und in dünne Scheiben schneiden oder hobeln. Karotten schälen und in feine Streifen schneiden. Beides in ein großes Sieb geben und mit je 2 TL Zucker und Salz bestreuen. Mit den Händen gut durchkneten und anschließend ca. 1 Stunde ziehen lassen.

② Für die Salatsauce die Mayonnaise mit dem Apfelbalsamico und dem braunen Zucker verrühren. Die Frühlingszwiebeln waschen, in feine Ringe schneiden und zusammen mit der Petersilie und dem Zitronensaft unterrühren. Die Salatsauce mit Salz und Pfeffer abschmecken. Kraut und Karotten in eine große Schüssel geben und mit dem Dressing vermengen. Den Cole Slaw abgedeckt ca. 3 Stunden im Kühlschrank ziehen lassen.

*Tipp* → USA-typisch wird es, wenn Sie diesen Salat mit dem Laugenweckle-Burger Surf & Turf servieren (Seite 73).

# Fruchtiger Alblinsensalat
## MIT BAYERISCHEN GARNELEN

Dieser fruchtige Alblinsensalat schmeckt besonders im Frühling und Sommer sehr lecker und ist eine tolle Beilage zu Fisch und Fleisch.

15 Minuten
+ 25 Minuten Garzeit

Für 4 Portionen

- 150 g Alblinsen
- 1 Mango
- ½ Avocado
- ½ Kästchen Kresse
- Olivenöl
- 2 EL Weißweinessig
- 1 EL Limettensaft
- 2 Knoblauchzehen
- 4 Garnelen mit Kopf und Schale (z. B. Bayerische Garnelen)
- Saft von ½ Zitrone
- Salz
- frisch gemahlener Pfeffer

1. Die Alblinsen in einem Topf mit reichlich Wasser etwa 20 Minuten köcheln lassen. Anschließend abgießen, kalt abschrecken und in eine große Schüssel geben. Die Mango schälen und das Fruchtfleisch in Würfel schneiden. Die Avocado ebenfalls würfeln, beides zusammen mit der Kresse unter die Linsen mischen. Salat mit 3 EL Olivenöl, Weißweinessig und Limettensaft anmachen und salzen und pfeffern.

2. Den Knoblauch schälen und halbieren. Etwas Olivenöl in einer beschichteten Pfanne erhitzen und die halbierten Knoblauchzehen hineingeben. Die Garnelen von beiden Seiten ca. 3 Minuten anbraten und mit Zitronensaft, Salz und Pfeffer würzen. Den fruchtigen Alblinsensalat mit den Garnelen servieren.

*Tipp* → Bayerische Garnelen bekommen Sie beispielsweise im FrischeParadies oder im Online-Shop. Sie sind geschmacklich hervorragend und können sogar roh als Sashimi gegessen werden.

# *Forellentatar* MIT APFEL, RADIESCHEN UND KNUSPRIGEN FORELLENHAUT-CHIPS

Aus Forelle, Apfel und Radieschen wird ein köstliches Tatar. Am besten servieren Sie es als Vorspeise.

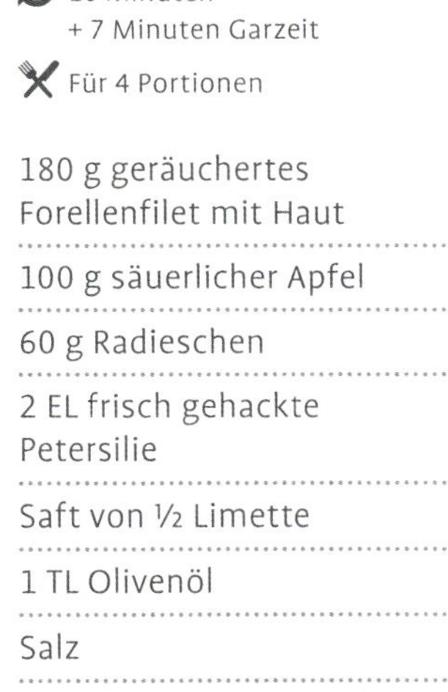

10 Minuten
+ 7 Minuten Garzeit

Für 4 Portionen

- 180 g geräuchertes Forellenfilet mit Haut
- 100 g säuerlicher Apfel
- 60 g Radieschen
- 2 EL frisch gehackte Petersilie
- Saft von ½ Limette
- 1 TL Olivenöl
- Salz
- frisch gemahlener Pfeffer

① Die Forellenhaut vorsichtig abziehen und in Stücke schneiden. Ein Stück Backpapier in eine große Pfanne geben und erhitzen. Die Forellenhautstücke mit der Innenseite nach unten auf das Backpapier legen und mit einer zweiten Schicht Backpapier belegen. Mit einem schweren Topf beschweren und die Forellenhaut etwa 6–7 Minuten knusprig braten. Das Backpapier aus der Pfanne nehmen und die Forellenhaut-Chips vorsichtig abziehen. Bis zum Verzehr beiseitestellen.

② Für das Forellentatar den Apfel waschen und entkernen. Die Radieschen waschen und putzen. Das Forellenfilet, den Apfel und die Radieschen fein würfeln. Alles in eine Schüssel geben und mit der Petersilie, dem Limettensaft und dem Olivenöl vermengen. Das Tatar mit Salz und Pfeffer abschmecken und mit den knusprigen Forellenhaut-Chips als Vorspeise servieren.

*Tipp* → Am besten fragen Sie bei Ihrem Fischhändler nach schönen, geräucherten Forellenfilets mit Haut. Probieren Sie das Tatar doch auch einmal mit Saibling oder Lachsforelle.

Meine Lieblingsrezepte aus diesem Kapitel sind der **Laugenweckle-Burger Surf & Turf** und das **Alblinsengemüse mit Wiener Backhendl**.

# Hauptgerichte

In diesem Kapitel zeige ich Ihnen leckere Hauptgerichte. Einige Gerichte kommen bei uns häufig auf den Tisch, andere habe ich neu für dieses Buch entwickelt. Mit schwäbischem Kartoffelsalat, Gerichten mit Maultaschen, Schupfnudeln, Fleischküchle und Zwiebelrostbraten sind nahezu alle schwäbischen Klassiker vertreten. Die 20 Rezepte haben internationale Einflüsse aus Asien, Österreich, Italien, Schweden, Griechenland, Spanien und den USA.

# Asia-Kartoffelsalat MIT WAGYU-STEAKSTREIFEN

Der schwäbische Kartoffelsalat wird hier mit einem frischen Asia-Dressing zubereitet und mit japanischem Roastbeef vom Wagyu serviert.

2 Stunden 10 Minuten + 30 Minuten Garzeit

Für 4 Portionen

- 1 kg Salatkartoffeln (z. B. Sieglinde)
- 1 Zwiebel
- 1 EL neutrales Öl
- 200 ml Gemüsefond
- 1–2 TL helle Miso-Paste
- 2 EL Reisessig
- 1 cm Ingwer
- Saft von 1 Limette
- 1–2 EL Sesamöl
- 2 EL Olivenöl
- Salz
- frisch gemahlener Pfeffer
- 1 Prise Zucker
- 1 Frühlingszwiebel
- 8 Radieschen
- 3–4 EL frisch gehackter Koriander
- 400 g Wagyu Roastbeef
- 2 EL gerösteter Sesam

1. Die Kartoffeln mit Schale kochen, sie sollten dabei nicht zerfallen. Kartoffeln abgießen und etwas ausdampfen lassen. Noch lauwarm pellen und in Scheiben schneiden. Kartoffeln in eine Schüssel geben. Die Zwiebel schälen, fein würfeln und in etwas Öl anschwitzen, bis sie glasig sind. Zwiebeln mit dem Gemüsefond ablöschen, die Miso-Paste und den Reisessig einrühren. Den Ingwer fein reiben und zusammen mit dem Limettensaft und dem Sesamöl unterrühren. Das Asia-Dressing über die Kartoffeln geben und alles gut vermengen.

2. Den Salat mit Olivenöl, Salz, Pfeffer und 1 Prise Zucker kräftig abschmecken und ca. 1–2 Stunden abgedeckt ziehen lassen.

3. Frühlingszwiebel und Radieschen waschen. Frühlingszwiebeln in Ringe, Radieschen in dünne Scheiben schneiden und mit dem gehackten Koriander unter den Kartoffelsalat heben.

4. Das Wagyu Roastbeef in einer heißen Pfanne ohne Fett von beiden Seiten ca. 1–2 Minuten scharf anbraten, herausnehmen und in Tranchen schneiden. Den Asia-Kartoffelsalat mit geröstetem Sesam bestreuen und mit den Wagyu-Steakstreifen servieren.

*Tipp* → Für eine preisgünstigere Variante können Sie den Asia-Kartoffelsalat auch mit Roastbeef oder Entrecôte vom Rind zubereiten.

# Linsen und Spätzle MIT ITALIENISCHER SALSICCIA

Normalerweise werden zu Linsen und Spätzle Saitenwürstle gegessen. Meine Crossover-Variante des schwäbischen Klassikers serviere ich mit der italienischen Wurstspezialität Salsiccia.

10 Minuten
+ 30 Minuten Garzeit

Für 4 Portionen

- 1 Zwiebel
- 1 Knoblauchzehe
- ½ Karotte
- 50 g Lauch
- 1 ½ EL Butter
- 1 EL Mehl
- 150 g Alblinsen
- 50 ml Noilly Prat
- 600 ml Gemüsefond
- 1 Lorbeerblatt
- 1 Zweig Thymian
- 50 g (Knoblauch-)Schinkenspeck
- 1 EL Tomatenmark
- 6 EL Balsamicoessig
- 1 Prise Zucker
- Salz
- frisch gemahlener Pfeffer
- ½ EL Olivenöl
- 4 Salsiccia-Bratwürste
- 600–800 g frische Spätzle (Kühlregal) oder 1 Rezept Spätzleteig

① Die Zwiebel und den Knoblauch schälen und fein würfeln. Karotte waschen, schälen und ebenfalls fein würfeln. Den Lauch waschen und fein hacken. 1 EL Butter in einem großen Topf erhitzen und Zwiebel und Knoblauch darin glasig dünsten. Karotte und Lauch dazugeben und etwa 3–4 Minuten unter Rühren mitdünsten. Mit dem Mehl bestäuben und gut umrühren. Die Linsen hinzufügen, umrühren, dann mit Noilly Prat ablöschen. Den Gemüsefond dazugeben, Lorbeerblatt und Thymian hinzufügen und alles offen, bei mittlerer Hitze ungefähr 25 Minuten köcheln lassen, bis die Linsen weich sind. Den Schinkenspeck würfeln und unterrühren. Tomatenmark und Balsamico unterrühren und die Linsen mit 1 Prise Zucker, Salz und Pfeffer abschmecken.

② Das Olivenöl in einer beschichteten Pfanne erhitzen und die Salsiccia darin rundum goldbraun anbraten, anschließend aus der Pfanne nehmen und zu den Linsen geben. Die Würste im geschlossenen Topf auf den Linsen zu Ende garen. In einer zweiten Pfanne ½ EL Butter erhitzen und die Spätzle hinzufügen. 1–2 EL Wasser dazugeben und die Spätzle unter gelegentlichem Rühren erwärmen. Die Linsen mit Spätzle und der Salsiccia servieren.

*Tipp* → Besonders gut zu Linsen und Spätzle passt Salsiccia al finocchio, eine italienische, grobe Bratwurst mit Fenchelsamen verfeinert.

# Asia-Lachsküchle
## MIT KARTOFFEL-GURKEN-SALAT

Die feinen Lachsküchle mit den asiatischen Aromen schmecken wunderbar zum schwäbischen Kartoffel-Gurken-Salat. Für den Sommer sind die Lachsküchle auf dem Grill eine tolle Alternative zu klassischen Fleischküchle.

2 Stunden 15 Minuten
+ 6 Minuten Garzeit

Für 4 Portionen

- 1 kg Salatkartoffeln (z. B. Sieglinde)
- 1 Zwiebel
- 1 EL neutrales Öl
- 200 ml Fleischbrühe (Rinderbrühe oder -fond)
- 1 EL Dijonsenf
- 2–3 EL Weißweinessig
- ½ Salatgurke
- Olivenöl
- Salz
- frisch gemahlener Pfeffer
- 1 Prise Zucker
- Muskatnuss, frisch gerieben
- 650 g Lachsfilet mit Haut
- 100 g Räucherlachs
- 2 kleine Frühlingszwiebeln
- 1 Knoblauchzehe
- ½ Chilischote
- 1 kleines Stück frischer Ingwer (ca. 1 cm)
- 3 cm Zitronengras
- 2 EL frisch gehackter Koriander
- 2 EL Schnittlauchröllchen

1. Die Kartoffeln mit Schale kochen, sie sollten dabei nicht zerfallen. Kartoffeln abgießen und etwas ausdampfen lassen. Noch lauwarm pellen und in Scheiben schneiden. Kartoffeln in eine Schüssel geben. Zwiebel schälen, fein würfeln und in einem Topf in etwas Öl anschwitzen, bis sie glasig sind. Zwiebeln mit der Fleischbrühe ablöschen, Senf und Weißweinessig einrühren. Das Dressing über die Kartoffeln geben und alles gut vermengen.

2. Die Gurke waschen, nach Belieben schälen und in dünne Scheiben hobeln. Gurkenscheiben unter den Kartoffelsalat mengen. Den Salat mit 1–2 EL Olivenöl, Salz, Pfeffer, 1 Prise Zucker und Muskatnuss kräftig abschmecken.

3. Das Lachsfilet kalt abwaschen, trocken tupfen und die Haut entfernen. Die Hälfte des Lachses fein würfeln, die andere Hälfte zusammen mit dem Räucherlachs mit einem Messer fein hacken. Lachs in eine Schüssel geben. Die Frühlingszwiebeln waschen und den Knoblauch schälen und zusammen mit der Chilischote, dem Ingwer und dem Zitronengras fein hacken und anschließend zum Lachs geben. Koriander hinzufügen, salzen und pfeffern und alles gut vermengen. Aus der Lachsmasse 8 gleich große Küchle formen. ½ EL Olivenöl in einer beschichteten Pfanne erhitzen und die Lachsküchle darin ca. 5–6 Minuten von beiden Seiten anbraten. Den Schnittlauch über den Kartoffel-Gurken-Salat streuen und die Lachsküchle dazu servieren.

# Alblinsencurry MIT SAITENWÜRSTLE

Aus schwäbischen Linsen und Curry-Gewürzen entsteht ein herrlich aromatisches Linsencurry. Saitenwürstle schmecken auch hier sehr gut dazu.

10 Minuten
+ 45 Minuten Garzeit

Für 4 Portionen

- 1 Schalotte
- 2 Frühlingszwiebeln
- 1 Knoblauchzehe
- 4 Karotten
- 1 Stück Ingwer (2 cm)
- 1 EL Olivenöl
- 300 g Alblinsen
- 1 EL gelbe Currypaste
- 150 ml Noilly Prat
- 1 l Gemüsefond
- 50 ml Balsamico-Creme
- 2–3 TL Purple Currypulver
- 2 TL Madras Currypulver
- 2–3 TL Zitronensaft
- 1 Prise Zucker
- Salz
- frisch gemahlener Pfeffer
- 4 Paar Saitenwürstle
- 3 Tomaten
- 2 EL frisch gehackter Koriander

① Schalotte, Frühlingszwiebeln und Knoblauch schälen und in feine Würfel bzw. Ringe schneiden. Die Karotten waschen, schälen und würfeln. Ingwer schälen und fein hacken. Das Olivenöl in einem großen Topf erhitzen und das gewürfelte Gemüse darin ca. 4–5 Minuten unter Rühren glasig dünsten. Die Alblinsen dazugeben und gut umrühren. Currypaste unterrühren, kurz anbraten, dann mit dem Noilly Prat ablöschen. Mit Gemüsefond auffüllen, alles einmal aufkochen lassen, dann bei mittlerer Hitze in ca. 30–40 Minuten die Linsen weich garen. Balsamico-Creme unterrühren, dann Purple Currypulver und Madras Currypulver hinzufügen und gut vermengen. Mit Zitronensaft, Zucker, Salz und Pfeffer würzen. Die Saitenwürstle einlegen und im Alblinsencurry erwärmen.

② Die Tomaten waschen, vierteln, entkernen und das Fruchtfleisch würfeln. Tomatenwürfel und gehackten Koriander vor dem Servieren unter das Alblinsencurry rühren.

Tipp → Das lilafarbene Currypulver „Purple Curry" gibt es z. B. von Just Spices oder von der Marke „Altes Gewürzamt". Die Gewürzmischung aus Hibiskusblüten, Bockshornkleesaat, Pfeffer, Koriander, Kreuzkümmel und anderen typischen Curry-Gewürzen schmeckt wunderbar zu Linsen.

# Laugenweckle-Burger

## SURF & TURF

Bei uns ist es die ganz große Burgerliebe und auch das Laugenweckle eignet sich ideal als Burgerbun. Als Surf & Turf-Variante mit Zitronenmayonnaise kommt hier ein edler Burger auf den Tisch.

15 Minuten
+ 15 Minuten Garzeit

Für 4 Burger

- 4 Laugenweckle
- ½ EL Butter
- 600 g Rinderhackfleisch
- Salz
- frisch gemahlener Pfeffer
- 8 Riesengarnelen (z. B. Good Gamba)
- neutrales Öl
- 4 Scheiben Cheddar-Käse
- ½ EL Olivenöl
- 4 EL Mayonnaise
- 1 EL Zitronensaft
- 1 kleine rote Zwiebel
- 4 Salatblätter
- 8 Tomatenscheiben
- 8 Gurkenscheiben
- 4 EL Ketchup

1. Den Backofen auf 180 °C Ober-/Unterhitze vorheizen. Die Laugenweckle halbieren, mit Butter bestreichen und mit der Butterseite nach oben auf ein mit Backpapier belegtes Blech setzen. Die Laugenweckle im Ofen (Mitte) ca. 5 Minuten backen.

2. Das Hackfleisch mit Salz und Pfeffer würzen und dann zu 4 Patties formen.

3. Garnelen kalt abwaschen, Köpfe abschneiden und Darm entfernen. Etwas neutrales Pflanzenöl in einer großen beschichteten Pfanne erhitzen und die Patties von beiden Seiten je 5–6 Minuten anbraten bis zum gewünschten Garpunkt (medium oder well done). Kurz vor Ende der Bratzeit den Cheddar auflegen und schmelzen lassen.

4. In einer zweiten Pfanne etwas Olivenöl erhitzen und die Garnelen darin ca. 3 Minuten anbraten, sie sollten noch leicht glasig sein. Mayonnaise mit dem Zitronensaft verrühren und mit Salz und Pfeffer abschmecken. Die Zwiebel schälen und in feine Ringe schneiden.

5. Die Laugenweckle mit je 1 EL Zitronenmayonnaise bestreichen und mit 1 Salatblatt, 2 Tomaten- und Gurkenscheiben, je 1 Patty, 2 Garnelen und ein paar Zwiebelringen zu einem Burger belegen. Nach Belieben mit etwas Ketchup toppen.

*Tipp* → Bayerische Good Gambas von der Farm Crusta Nova sind geschmacklich absolute Spitze. Sie sind unvergleichlich im Geschmack und haben Sashimi-Qualität. Sie bekommen die köstlichen Gambas z. B. im Frische-Paradies oder im Online-Shop (siehe Serviceteil).

# Gebratene Maultaschen
## MIT WOK-GEMÜSE UND SESAMDRESSING

Maultaschen schmecken nicht nur in Brühe, sondern auch mit feinem Wok-Gemüse in der Pfanne angebraten. Ein buntes und frisches Gericht mit asiatischem Einfluss.

 10 Minuten
+ 15 Minuten Garzeit

 Für 4 Portionen

- 2 rote Frühlingszwiebeln
- 100 g Zuckerschoten
- 2 rote und 2 gelbe Paprika
- 3 Karotten
- 1 große Zucchini
- 1 Stück Ingwer (ca. 2 cm)
- 1 kleine Knoblauchzehe
- 1 kleine rote Chilischote
- 1 EL Sesamöl
- 8 Maultaschen
- ½ l Gemüsebrühe / Wasser
- 1 Schuss Reisweinessig
- 1 EL Zitronensaft
- ½ TL chinesisches Fünf-Gewürze-Pulver
- Salz
- frisch gemahlener Pfeffer
- 2 EL Tahinipaste
- 2 EL helle Sojasauce
- 1 TL Zucker
- 1 EL helle Miso-Paste (Shiro-Miso)
- Saft von ½ Limette

① Für das Wokgemüse das Gemüse waschen, putzen und je nach Sorte schälen und entkernen. Die Frühlingszwiebeln in feine Ringe schneiden, die grünen Ringe beiseitestellen. Die Paprika in dünne Streifen, Karotten in dünne Scheiben schneiden und Zucchini in Streifen schneiden. Ingwer und Knoblauch schälen. Zusammen mit der Chilischote sehr fein hacken. Das Sesamöl in einer (Wok-)Pfanne erhitzen und zunächst die Frühlingszwiebeln darin glasig dünsten. Ingwer, Chili und Knoblauch dazugeben und weitere 2 Minuten unter Rühren braten. Danach das restliche Gemüse dazugeben und unter gelegentlichem Rühren bei mittlerer Hitze ca. 10 Minuten anbraten.

② Die Maultaschen in der Gemüsebrühe oder leicht gesalzenem Wasser ca. 5 Minuten bei mittlerer Hitze gar ziehen, dann abtropfen lassen. Das gebratene Wok-Gemüse aus der Pfanne nehmen und die Maultaschen in der Pfanne anbraten, bis sie leicht goldgelb sind. Das gebratene Gemüse dazugeben und mit Reisweinessig, Zitronensaft, Fünf-Gewürze-Pulver, Salz und Pfeffer würzen.

③ Für das Sesamdressing Tahinipaste, Sojasauce, Zucker und Miso-Paste verrühren. Etwa 3–4 EL Wasser hinzufügen und zu einem homogenen Dressing verrühren. Dann das Dressing mit Limettensaft, Salz und Pfeffer abschmecken. Das Sesamdressing zu den gebratenen Maultaschen und dem Wok-Gemüse reichen.

*Tipp* → Das Gemüse können Sie nach Geschmack auch mit etwas Sojasauce verfeinern.

Tipp → Alternativ zu den frittierten Zwiebelringen können Sie auch eine Zwiebelschmelze mit Butter zubereiten (siehe Seite 93).

# Zwiebelrostbraten AUF ORIENTALISCHEM COUSCOUS-SALAT

Mit einem orientalischen Couscous-Salat wird der Zwiebelrostbraten weniger deftig und ist auch als Sommergericht ideal.

20 Minuten
+ 15 Minuten Garzeit

Für 4 Portionen

- 150 g Couscous
- ½ TL Gemüsebrühpulver
- 1 rote Paprika
- 1 Zucchini
- 1 Knoblauchzehe
- Olivenöl
- 3 Tomaten
- 2 Frühlingszwiebeln
- 2 EL Tomatenmark
- 2–3 EL Zitronensaft
- 1 TL Harissa-Gewürz
- ½ TL Currypulver
- je 1 Msp. Zimt, gemahlener Kreuzkümmel und Kurkuma
- ¼ TL Paprikapulver, edelsüß
- 2–3 EL frisch gehackte Petersilie oder Koriander
- Salz und Pfeffer

**Zwiebelrostbraten:**

- 2 Zwiebeln
- neutrales Pflanzenöl
- 4 Scheiben Roastbeef oder Rinderrücken à 150–200 g
- Salz und Pfeffer

① Couscous in eine große Schüssel geben, das Gemüsebrühpulver untermischen, 300 ml kochendes Wasser zugeben und ca. 5–8 Minuten quellen lassen.

② Paprika und Zucchini waschen, putzen und in Würfel schneiden. Knoblauch schälen und fein hacken. 1 EL Olivenöl in einer beschichteten Pfanne erhitzen und Paprika und Zucchini ca. 5 Minuten bei mittlerer Hitze unter gelegentlichem Rühren anbraten. Knoblauch dazugeben und ca. 3 Minuten weiterbraten. Tomaten waschen, entkernen und würfeln. Frühlingszwiebeln waschen und in feine Ringe schneiden. Das angebratene Gemüse, die Tomatenwürfel und die Frühlingszwiebeln unter den Couscous heben. Tomatenmark, 2 EL Olivenöl und Zitronensaft mit den Gewürzen verrühren und mit dem Gemüse-Couscous vermischen. Die gehackten Kräuter unterheben und mit Salz und Pfeffer abschmecken.

③ Zwiebeln schälen und in feine Ringe schneiden. Neutrales Pflanzenöl zum Frittieren in einem Topf erhitzen und die Zwiebelringe darin goldgelb frittieren.

④ Den Backofen auf 150 °C Ober-/Unterhitze vorheizen. Für den Zwiebelrostbraten etwas Öl in einer beschichteten Pfanne erhitzen und das Fleisch bei starker Hitze ca. 2 Minuten anbraten, dabei einmal wenden. Das Fleisch direkt auf den Ofenrost legen (ein Backblech darunter schieben) und im Ofen (Mitte) ca. 12–14 Minuten je nach gewünschter Garstufe garen. Mithilfe eines Braten- oder Fleischthermometers die Kerntemperatur von 53 °C für die Garstufe Medium messen.

⑤ Das Fleisch mit den Zwiebelringen und dem orientalischen Couscous-Salat anrichten.

*Tipp* → Pankobrösel sorgen für eine wunderbar knusprige Panade. Sie bekommen Pankobrösel in gut sortierten Supermärkten oder im Asia Supermarkt.

# Alblinsengemüse
# MIT WIENER BACKHENDL

Zu dem bissfesten, dennoch cremigen Alblinsengemüse passt ein knuspriges österreichisches Wiener Backhendl aus der Hähnchenbrust hervorragend.

10 Minuten
+ 35 Minuten Garzeit

Für 4 Portionen

- 2 Schalotten
- 1 Knoblauchzehe
- 1 Karotte
- 160 g Lauch
- 1 EL Olivenöl
- 200 g Alblinsen
- 150 ml Noilly Prat
- 700 ml Gemüsefond
- 1 Lorbeerblatt
- 1 Zweig Thymian
- 4 Hähnchenbrustfilets
- 2 Eier
- Salz und Pfeffer
- 2–3 EL Mehl
- ca. 60 g Pankobrösel oder Semmelbrösel
- 2–3 EL Butterschmalz
- 1 EL Tomatenmark
- 60–70 ml Balsamico-Creme
- 2–3 TL Balsamicoessig
- 2–3 TL Zitronensaft
- 1 Prise Zucker
- 1 EL Petersilie
- Zitronenscheiben

1. Schalotten, Knoblauch und Karotte schälen und sehr fein würfeln. Lauch waschen und ebenfalls sehr fein hacken. Schalotten und Knoblauch im Olivenöl glasig dünsten. Karotten und Lauch dazugeben und das Gemüse ca. 5–6 Minuten unter gelegentlichem Rühren bei mittlerer Hitze anbraten. Die Alblinsen dazugeben, gut umrühren, anschließend mit Noilly Prat ablöschen. Den Gemüsefond hinzufügen, Lorbeerblatt und Thymianzweig einlegen und alles unter gelegentlichem Rühren ca. 25–30 Minuten bei mittlerer Hitze köcheln lassen.

2. Hähnchenbrustfilets trocken tupfen und in acht gleich große Stücke schneiden. Eier in einer tiefen Schale mit etwas Salz und Pfeffer verquirlen. Das Mehl und die Pankobrösel jeweils auf einen Teller geben. Die Hähnchenfilets erst im Mehl wenden, dann durch das Ei ziehen und zum Schluss in den Pankobröseln wenden. Für eine besonders knusprige Panade, die Stücke erneut durch das Ei ziehen und anschließend in den Pankobröseln wenden.

3. Den Backofen auf 140 °C Ober-/Unterhitze vorheizen. Das Butterschmalz in einer beschichteten Pfanne erhitzen und die panierten Hühnchenstücke ca. 3–4 Minuten von beiden Seiten darin goldgelb anbraten. Dabei immer wieder mit dem Butterschmalz übergießen. Anschließend aus der Pfanne nehmen und auf ein mit Backpapier ausgelegtes Backblech setzen. Im Ofen (Mitte) ca. 10 Minuten fertig backen.

4. Tomatenmark, Balsamico-Creme und Balsamicoessig in das Alblinsengemüse rühren. Das Gemüse mit Zitronensaft, 1 Prise Zucker, Salz und Pfeffer abschmecken und die frisch gehackte Petersilie unterrühren. Alblinsen und Wiener Backhendl mit Zitronenscheiben servieren.

# Tiroler Gröstl MIT SAITENWÜRSTLE UND FILDERKRAUT

Tiroler Gröstl wird traditionell aus übrig gebliebenem Rinderbratenfleisch zubereitet. In meiner schwäbischen Variante koche ich es mit Saitenwürstle und Filderkraut.

10 Minuten
\+ 15 Minuten Garzeit

Für 4 Portionen

- 800 g Kartoffeln
- 1 Zwiebel
- 1 EL Butter
- 200 g Fildersauerkraut
- 4 Saitenwürstle
- Olivenöl
- 150 g braune Champignons
- 3 EL frisch gehackte Petersilie
- Salz
- frisch gemahlener Pfeffer

① Die Kartoffeln am Vortag mit Schale in einem Topf mit Wasser garen.

② Am Folgetag die Zwiebel schälen und in Streifen schneiden. Die Butter in einer beschichteten Pfanne erhitzen und die Zwiebelstreifen unter Rühren ca. 5 Minuten anschwitzen. Das Fildersauerkraut hinzugeben und ca. 10 Minuten bei mittlerer Hitze schmoren lassen. Die Zwiebeln und das Kraut aus der Pfanne nehmen. Die Saitenwürstle in Scheiben schneiden und die Kartoffeln pellen und in dicke Scheiben schneiden.

③ Etwas Olivenöl in der Pfanne erhitzen und Kartoffeln und Saitenwürstle bei mittlerer Hitze unter gelegentlichem Wenden goldbraun anbraten. Die Champignons putzen, in Scheiben schneiden und ca. 5 Minuten mitbraten. Zum Schluss die Zwiebeln und das Kraut hinzufügen und untermischen. Mit Petersilie bestreuen und mit Salz und Pfeffer würzen.

*Tipp* → Das Gröstl wird traditionell aus Resten gekocht. Sie können es nach Geschmack z. B. auch mit etwas übrig gebliebenem Bratenfleisch zubereiten.

# Schwäbischer Zwiebelkuchen MIT ITALIENISCHEM SAN DANIELE SCHINKEN

Der schwäbische Zwiebelkuchen kommt traditionell im Herbst zur Weinzeit auf den Teller. Dieses Rezept wird mit italienischem, luftgetrocknetem San Daniele Schinken verfeinert.

1 Stunde 15 Minuten + 40 Minuten Backzeit

Für 1 Blech

- 250 g Mehl Type 405
- 250 g Mehl Type 550
- 25–30 g frische Hefe
- 1 TL Zucker
- 300 ml lauwarmes Wasser
- 1 EL Olivenöl
- Salz
- 1 TL Zitronenabrieb
- 800 g Zwiebeln
- 2 EL Butter
- 150 g San Daniele Schinken
- 3 Eier
- 200 g Sauerrahm
- 1 TL Thymian, getrocknet
- 1 TL Rosmarin, getrocknet
- frisch gemahlener Pfeffer

1. Beide Mehlsorten in eine große Schüssel geben, in die Mitte eine Mulde drücken und die Hefe hineinbröckeln. Zucker dazugeben und mit ca. 5 EL lauwarmem Wasser und etwas Mehl vom Rand zu einem Vorteig verrühren. Den Teig ca. 15 Minuten stehen lassen.
2. Das restliche lauwarme Wasser, Olivenöl, 1–2 TL Salz und Zitronenabrieb hinzufügen. Alle Zutaten mit den Knethaken zu einem geschmeidigen, glänzenden Teig verkneten. Den Teig abgedeckt 30–45 Minuten gehen lassen.
3. Die Zwiebeln schälen und eine Hälfte in Würfel, die andere Hälfte in feine Streifen schneiden. Die Butter in einer großen, beschichteten Pfanne erhitzen und die Zwiebeln darin unter gelegentlichem Rühren ca. 10 Minuten goldbraun anbraten. Den Schinken klein schneiden, dazugeben und weitere 2–3 Minuten anbraten, dann vom Herd nehmen und abkühlen lassen.
4. Die Eier in einer Schüssel cremig aufschlagen, dann den Sauerrahm unterrühren. Die abgekühlte Zwiebel-Schinken-Mischung und die Kräuter dazugeben. Die Masse salzen und pfeffern und gut vermengen.
5. Den Backofen auf 210 °C Ober-/Unterhitze vorheizen. Den Teig auf einer leicht bemehlten Fläche auf die Größe des Backblechs ausrollen. Den Teig auf ein mit Backpapier ausgelegtes oder eingefettetes Blech setzen und an den Rändern den Teig leicht nach oben ziehen. Die Zwiebelmischung auf dem Teig verteilen. Den Zwiebelkuchen im Ofen (Mitte) ca. 30–40 Minuten goldgelb backen.

STAUB

# Schwäbisches Rahmkartoffelgratin
## MIT GRIECHISCHEM SALAT

Schon als Kind habe ich Rahmkartoffelgratin geliebt, meistens gab es eine Scheibe gebratenen Fleischkäse dazu.

15 Minuten
+ 30 Minuten Garzeit

Für 4 Portionen

- 800 g Kartoffeln, festkochend
- 200 ml Milch
- 300 g Sahne
- 1 Msp. Muskatnuss, frisch gerieben
- Salz
- frisch gemahlener Pfeffer
- 100 g Allgäuer Bergkäse, gerieben
- ½ EL Butterflöckchen + etwas mehr zum Einfetten
- 150 g Kirschtomaten
- 100 g Tomaten
- ½ Salatgurke
- 150 g griech. Schafskäse
- 80 g schwarze Oliven, ohne Stein
- 1 rote Zwiebel
- 1 kleine Knoblauchzehe
- 3 EL Weißweinessig
- Saft von ½ Zitrone
- 7 EL Olivenöl
- 1 TL Oregano, getrocknet

① Den Backofen auf 200 °C Ober-/Unterhitze vorheizen und eine ofenfeste Form mit Butter einfetten. Für das Rahmkartoffelgratin die Kartoffeln waschen, schälen und in dünne Scheiben schneiden. Die Kartoffelscheiben in die Form schichten. Milch und Sahne in einem kleinen Topf erhitzen und mit Muskatnuss, Salz und Pfeffer würzen. Die heiße Milch-Sahne-Mischung über die Kartoffeln gießen und mit dem Käse und den Butterflöckchen bestreuen. Das Rahmkartoffelgratin im Ofen (Mitte) ca. 30 Minuten backen.

② Für den griechischen Salat das Gemüse waschen und je nach Sorte schälen und entkernen. Kirschtomaten halbieren, große Tomaten vierteln und die Salatgurke in Würfel schneiden. Alles in eine große Schüssel geben und den Schafskäse in Würfeln dazugeben. Die Oliven nach Geschmack halbieren und hinzufügen. Die Zwiebel schälen, in feine Streifen schneiden und untermischen. Knoblauch schälen und sehr fein hacken. Knoblauch, Weißweinessig und Zitronensaft verrühren, dann das Olivenöl unterrühren. Das Dressing mit Oregano, Salz und Pfeffer würzen und über den Salat geben. Alles gut durchmischen und den Salat zum Rahmkartoffelgratin servieren.

*Tipp* → Als vegetarische Variante schmeckt griechischer Salat toll zum cremigen Gratin.

# Schwäbische Fleischküchle-Bällchen IN SUGO DI POMODORO

Ich liebe Fleischbällchen in Tomatensauce. Bei diesem Pastagericht kommen schwäbische Fleischküchle als Bällchen in ein fruchtiges Sugo di pomodoro. Serviert werden sie mit schwäbischen Hörnchen-Eiernudeln.

10 Minuten
+ 30 Minuten Garzeit

Für 4 Portionen

- 1 altbackenes Brötchen
- 50 ml Milch
- 2 Zwiebeln
- 500 g Rinderhackfleisch
- ½ EL Oregano, getrocknet
- 2 EL frisch gehackte Petersilie
- ½ EL Dijonsenf
- Salz
- Paprikapulver, edelsüß
- Frisch gemahlener Pfeffer
- Olivenöl
- 1 Knoblauchzehe
- 800 g gehackte Tomaten aus der Dose
- 2 EL Tomatenmark
- 400 ml Wasser
- 80 ml Rotwein
- 2 cm Stück Parmesan
- 2 EL frisch gehackter Basilikum
- 500 g schwäbische Hörnlenudeln
- Parmesan zum Bestreuen

① Das Brötchen in der Milch einweichen. Die Zwiebeln schälen und fein hacken. Die Hälfte der Zwiebeln zum Hackfleisch geben. Das Brötchen etwas ausdrücken und hinzufügen. Oregano, Petersilie und Dijonsenf hinzufügen und mit Salz, Paprikapulver und Pfeffer würzen. Alles gut vermengen und aus der Masse 3 cm große Bällchen formen.

② 1 EL Olivenöl in einem großen Topf erhitzen. Knoblauch schälen und fein hacken. Die restlichen Zwiebeln im Olivenöl ca. 5 Minuten bei mittlerer Hitze anschwitzen, dann den Knoblauch hinzufügen. Gehackte Tomaten, Tomatenmark, Wasser, Rotwein und Parmesan hinzufügen und alles gut verrühren. Die Sauce offen etwa 30 Minuten bei mittlerer Hitze köcheln lassen.

③ Die Nudeln in reichlich Salzwasser al dente garen. Etwas Olivenöl in einer beschichteten Pfanne erhitzen und die Fleischküchle-Bällchen darin rundum goldbraun anbraten. Sie sollten innen noch roh sein. Bällchen aus der Pfanne nehmen und in die Tomatensauce geben. Basilikum hinzufügen, salzen und pfeffern und die Fleischbällchen in der Sauce gar ziehen lassen. Fleischbällchen in Tomatensauce mit den Hörnchennudeln und Parmesan bestreut servieren.

STAUB

# Herzhafter Ofenschlupfer
## MIT TIROLER PILZ-KÄSE-SAUCE

Ein Ofenschlupfer mit feiner Pilz-Käse-Zwiebelmischung, ideal für die Verwertung von altbackenen Laugenweckle.

10 Minuten
+ 20 Minuten Garzeit

Für 4 Portionen

- 4 altbackene Laugenweckle
- 1 Zwiebel
- 200 g braune Champignons
- 1 ½ EL Butter + etwas mehr zum Einfetten
- 2 Eier (M)
- 200 ml Milch
- 300 g Sahne
- 3 EL Schittlauchröllchen
- 60 g Bergkäse, frisch gerieben
- Salz
- frisch gemahlener Pfeffer
- Muskatnuss, frisch gerieben

1. Eine ofenfeste Form mit Butter einfetten und den Backofen auf 180 °C (Ober-/Unterhitze) vorheizen. Die Laugenweckle in dünne Scheiben schneiden und in die Form schichten. Die Zwiebel schälen und in feine Streifen schneiden. Die Champignons putzen und in Scheiben schneiden.

2. Die Butter in einer großen Pfanne erhitzen und Zwiebeln und Champignons darin unter Rühren ca. 5 Minuten bei mittlerer Hitze anbraten. Die Zwiebel-Champignon-Mischung über den Laugenwecklescheiben verteilen. Die Eier mit Milch, Sahne, Schnittlauch und Bergkäse verquirlen. Mit Salz, Pfeffer und Muskatnuss würzen. Die Mischung über die Weckle gießen und im Ofen (Mitte) ca. 15–20 Minuten backen.

*Tipp* → Sehr lecker schmeckt der Ofenschlupfer auch, wenn Sie unter die Zwiebel-Pilz-Mischung noch ca. 50 g klein geschnittenen Speck oder Schinken geben.

Tipp → Das Mineralwasser macht den Spätzleteig schön locker.

# Südtiroler Spinat-Kässpätzle
## MIT BERGKÄSE

Nicht nur die Schwaben lieben ihre Kässpätzle, auch in Südtirol werden sie mit Tiroler Bergkäse zubereitet. Besonders fein sind die Spinatspätzle mit kräftigem Bergkäse.

30 Minuten
+ 10 Minuten Garzeit

Für 4 Portionen

- 400 g Mehl
- 4 Eier
- Salz
- 100 g frischer Blattspinat
- 150–160 ml Mineralwasser
- 2 EL Butter
- 200–300 g würziger Bergkäse, frisch gerieben
- frisch gemahlener Pfeffer
- Muskatnuss, frisch gerieben

**Außerdem:**

- Spätzle-Brett mit Schaber (für handgeschabte Spätzle) oder Spätzlehobel bzw. Spätzlepresse
- Holzkochlöffel und Schaumlöffel

1. Mehl, Eier und 1 gute Prise Salz in eine große Rührschüssel geben. Den Spinat waschen, trocken tupfen und mit dem Mineralwasser pürieren. Mit einem Kochlöffel die Zutaten zu einem glatten, geschmeidigen Teig verrühren, dabei das Spinatpüree portionsweise untermischen. Dabei kräftig rühren und „schlagen“, bis der Teig leichte Blasen wirft. Löst er sich leicht zähflüssig vom Kochlöffel, hat er die ideale Konsistenz. Falls er noch zu dick und fest ist, etwas mehr Spinatpüree unterrühren.

2. Einen großen Topf mit Salzwasser zum Kochen bringen.

3. Für handgeschabte Spätzle Holzbrett und Spatel in das heiße Salzwasser tauchen. Etwa 2 EL Spätzleteig auf der vorderen Hälfte des Brettes verteilen und mit dem Spatel glatt streichen. Den Teig nun mithilfe des Spatels in das kochende Wasser schaben.

4. Spätzle für ca. 3 Minuten im kochenden Wasser garen, bis sie an der Oberfläche auftauchen. Dann mit dem Schaumlöffel aus dem Wasser nehmen und in eine Schüssel geben. Mit dem restlichen Teig ebenso verfahren.

5. Für gepresste Spätzle den Teig portionsweise in die Spätzlepresse geben und in das kochende Wasser pressen. Mit einem Spätzlehobel werden die Spätzle portionsweise in das kochende Wasser gehobelt.

6. Den Backofen auf 150 °C Ober-/Unterhitze vorheizen und eine ofenfeste Form mit Butter einfetten. Die Spinat-Spätzle zusammen mit dem geriebenen Käse abwechselnd in die Form schichten, mit einer großzügigen Käseschicht abschließen. Mit etwas Salz, Pfeffer und Muskatnuss würzen und im Ofen (Mitte) ca. 8 Minuten überbacken.

Tipp → Auch Kartoffeln passen super zum schwäbischen Zwiebelrostbraten.

# Zwiebelrostbraten MIT AMERIKANISCHEN COUNTRY-WEDGES

Die knusprigen Country-Wedges nehmen die köstliche Bratensauce wunderbar auf.

15 Minuten
+ 40 Minuten Garzeit

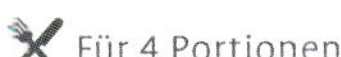
Für 4 Portionen

- 500 g festkochende Kartoffeln mit sauberer Schale
- 3 Knoblauchzehen
- ½ Bund Thymian
- 1 TL Paprikapulver, edelsüß
- Salz und Pfeffer
- ½ TL gemahlene Zwiebel
- 1–2 EL Olivenöl
- 1 EL neutrales Pflanzenöl
- 4 Scheiben Roastbeef oder Rinderrücken à 200 g
- 1 Karotte
- 1 kleines Stück Lauch
- 1 Stückchen Knollensellerie
- 4 Zwiebeln
- 130 g Butter
- 1–2 EL Tomatenmark
- 1 Lorbeerblatt
- 1 TL schwarze Pfefferkörner
- 50 ml Rotwein
- 50 ml Balsamicoessig
- 400 ml Rinderfond
- ½ TL Mehl
- 1 Prise brauner Zucker

① Den Ofen auf 180 °C Ober-/Unterhitze vorheizen und ein Backblech mit Backpapier auslegen. Kartoffeln waschen und mit Schale in Spalten schneiden. 2 Knoblauchzehen schälen und fein hacken, Thymianblättchen abzupfen. Die Kartoffelspalten mit Knoblauch, Thymian, Paprikapulver, ¼ TL Salz, gemahlener Zwiebel und Olivenöl vermischen, dann auf dem Blech verteilen. Im Ofen (Mitte) 30–40 Minuten backen, dabei nach der Hälfte der Garzeit wenden.

② Für den Zwiebelrostbraten das Fleisch im Öl ca. 2 Minuten anbraten, dabei einmal wenden. Fleisch herausnehmen, mit Salz und Pfeffer würzen und beiseitestellen. Karotte, Lauch und Sellerie waschen, putzen und grob würfeln. 1 Zwiebel und 1 Knoblauchzehe mit Schale halbieren. 1 EL Butter im Bräter erhitzen, das Gemüse in den Bräter geben und ca. 5 Minuten leicht rösten. Tomatenmark dazugeben und mitrösten. Lorbeerblatt und Pfefferkörner hinzufügen, mit Rotwein und Balsamico ablöschen und einmal aufkochen lassen. Rinderfond dazugeben und alles ca. 15 Minuten köcheln lassen. Durch ein feinmaschiges Sieb geben, die Sauce in einem Topf auffangen, erneut aufkochen und ca. 10–15 Minuten auf die gewünschte Konsistenz reduzieren lassen. Bratensauce mit Salz und Pfeffer abschmecken.

③ Für die Zwiebelschmelze 3 Zwiebeln in feine Ringe schneiden und in 120 g Butter ca. 10 Minuten unter gelegentlichem Rühren glasig schmoren. Mit Mehl bestäuben, Zucker dazugeben, salzen und pfeffern.

④ Das angebratene Fleisch, kurz bevor die Country-Wedges fertig sind, in den Ofen geben und so lange gar ziehen, bis das Fleisch medium gegart ist und eine Kerntemperatur von 50–55 °C erreicht hat. Das Fleisch mit Zwiebelschmelze, Bratensauce und Country-Wedges servieren.

# Italienischer Flädle-Auflauf
## MIT BOLOGNESE

Bei diesem Auflauf werden Flädle mit Bolognese geschichtet und mit Käse überbacken.

40 Minuten
+ 1 Stunde Garzeit

Für 4 Portionen

- 250 g Mehl
- Salz
- 500 ml Vollmilch
- 2 Eier (M)
- Butter
- 1 Zwiebel
- 1 Knoblauchzehe
- 1 EL Olivenöl
- 400 g Rinderhackfleisch
- 1 Karotte
- 100 g Sellerie
- 1 EL Tomatenmark
- 800 g gehackte Tomaten (Dose)
- 1 EL Oregano
- ½ EL frisch gehackter Rosmarin
- 1 EL frisch gehackter Basilikum
- frisch gemahlener Pfeffer
- 100 g Bergkäse, frisch gerieben
- 50 g Mozzarella, gewürfelt

1. Für den Flädleteig Mehl mit 1 Prise Salz und der Milch in eine Rührschüssel geben und mit dem Schneebesen glatt rühren, dann die Eier unterrühren. Den Teig mit Frischhaltefolie abgedeckt ca. 30 Minuten ruhen lassen. In einer großen, beschichteten Pfanne etwas Butter erhitzen und nacheinander 6–8 Flädle ausbacken.

2. Zwiebel und Knoblauch schälen und fein würfeln. Das Olivenöl in einem großen Topf erhitzen und Zwiebeln und Knoblauch ca. 5 Minuten unter Rühren andünsten. Das Hackfleisch hinzufügen und ca. 5 Minuten mitbraten. Die Karotte und den Sellerie schälen und sehr fein würfeln. Tomatenmark, Karotten und Sellerie dazugeben und ca. 5 Minuten mitbraten. Dann die gehackten Tomaten hinzufügen und alles gut verrühren. Kräuter unterrühren und mit Salz und Pfeffer würzen. Die Bolognese etwa 45 Minuten bei mittlerer Hitze unter gelegentlichem Rühren köcheln lassen. Es sollte eine dicke Sauce entstehen.

3. Den Backofen auf 180 °C Ober-/Unterhitze vorheizen und eine ofenfeste Form mit etwas Butter einfetten. Die Flädle abwechselnd mit der Bolognese in die Form schichten und mit dem Käse bestreuen. Den Auflauf im Ofen (Mitte) ca. 15–20 Minuten backen.

# Schweinelendchen MIT SÜDTIROLER SPINAT-KÄSE-KNÖDEL

Die Südtiroler Spinat-Käse-Knödel schmecken köstlich zu Schweinelendchen und Rahmsauce.

45 Minuten
+ 10 Minuten Garzeit

Für 4 Portionen

- 200 g Knödelbrot
- 200 ml lauwarme Milch
- 1 kleine Zwiebel
- 1 kleine Knoblauchzehe
- 1 TL Olivenöl
- 150 g frischer Blattspinat
- 2 Eier (M)
- 2 EL Mehl
- 100 g Bergkäse, frisch gerieben
- Muskatnuss, frisch gerieben

**Schweinelendchen:**

- 1 Zwiebel
- 300 g Schweinelende oder Schweinefilet
- 1 EL Butterschmalz
- ½ EL Mehl
- 200 ml Rinderfond oder Gemüsebrühe
- 400 g Sahne
- 2 EL frisch gehackte Petersilie
- Salz
- frisch gemahlener Pfeffer

① Das Knödelbrot in eine große Schüssel geben und mit der lauwarmen Milch übergießen. Mit den Händen durchmischen, dann 30 Minuten ruhen lassen. Zwiebel und Knoblauch schälen, fein hacken und in 1 TL Olivenöl in einer beschichteten Pfanne andünsten. Den Blattspinat gründlich waschen, trocken tupfen und klein hacken. Spinat zu den Zwiebeln in die Pfanne geben und etwa 1 Minute mitdünsten, anschließend abkühlen lassen. Eier, Mehl, geriebenen Bergkäse und Spinat-Zwiebel-Mischung zum Knödelbrot geben. Die Masse kräftig salzen und pfeffern und mit etwas Muskatnuss würzen. Alles gut durchkneten und mit feuchten Händen 8 Knödel formen. Die Knödel in reichlich Salzwasser gar ziehen lassen.

② Die Zwiebel schälen und fein würfeln. Schweinelende in ca. 3 cm dicke Scheiben schneiden und in Butterschmalz in einer beschichteten Pfanne von beiden Seiten jeweils 2 Minuten anbraten. Dann herausnehmen. Die Zwiebeln in die Pfanne geben und unter Rühren bei mittlerer Hitze ca. 2 Minuten andünsten. Das Mehl unterrühren, dann mit Rinderfond ablöschen. Unter Rühren ca. 3 Minuten bei mittlerer bis starker Hitze köcheln lassen, dann die Sahne hinzufügen und alles einmal aufkochen lassen. Die Petersilie untermischen und die Sauce mit Salz und Pfeffer abschmecken. Das Fleisch in die Sauce geben und rosa gar ziehen lassen. Schweinelendchen mit der Rahmsauce und den Spinat-Käse-Knödeln servieren.

*Tipp* → Die Rahmsauce schmeckt ganz besonders fein, wenn Sie sie mit ca. 200 g braunen Champignons verfeinern. Dazu die Champignons einfach zusammen mit den Zwiebeln anbraten.

# SCHWÄBISCHE Smörgås-Platte

Die Smörgås-Platte ist eine Vesperplatte und diese Art zu essen – genannt Smorging – ist aktueller Foodtrend in Skandinavien. Ganz simpel handelt es sich dabei um ein Vesper, deshalb habe ich diese Platte auf schwäbische Weise zusammengestellt.

10 Minuten

Für 1 Platte

- 2 Paar Saitenwürstle
- 1 Stück Schwarzwurst oder Knoblauchwurst
- 200 g Fleischsalat (vom Metzger)
- 150 g Allgäuer Emmentaler oder Bergkäse
- 4 Scheiben Bierschinken
- 8 Scheiben Schwarzwälder Schinken
- 1 Handvoll Essiggurken
- ½ Bund Radieschen
- 1 Handvoll Kirschtomaten

1. Die Saitenwürstle in siedendem Wasser erwärmen.
2. Für die schwäbische Smörgås-Platte die Wurst und den Käse auf einer Platte hübsch anrichten. Den Fleischsalat in ein kleines Schälchen füllen und mittig auf der Platte platzieren.
3. Die Essiggurken, Radieschen und Kirschtomaten auf der Platte verteilen.

*Tipps* → Dazu schmecken Laugenbrezeln, Laugenweckle und Bauernbrot. Zu den Saitenwürstle passt ein mittelscharfer Senf.

*Tipp* → Spanische Iberico-Koteletts bekommen Sie in Markthallen, bei Feinkost- und Gourmetläden oder im Internet, beispielsweise über Kreutzers.

# Spanische Iberico-Koteletts
## MIT FILDERKRAUT UND SCHUPFNUDELN

Als typisch schwäbisches Gericht werden im Winter Schupfnudeln mit Sauerkraut und Kasseler serviert. Bei meiner Variante ersetze ich Kasseler durch ein köstliches spanisches Iberico-Kotelett.

15 Minuten
+ 1 Stunde Garzeit

Für 4 Personen

- 1 große Zwiebel
- Olivenöl
- 800 g frisches Sauerkraut (Filderkraut)
- 500 ml Hühnerfond oder -brühe
- 150 ml trockener Weißwein
- 200 g Knoblauchspeck oder Schinkenspeck, gewürfelt
- 6 Stängel Zitronenthymian
- 5 Wacholderbeeren
- 3 Lorbeerblätter
- 4 Iberico-Koteletts à 200 g
- 2 Knoblauchzehen
- Salz
- frisch gemahlener Pfeffer
- ½ TL Butter
- 500 g Schupfnudeln (Kühlregal)
- 1 Prise Zucker

1. Für das Sauerkraut die Zwiebel schälen, in feine Streifen schneiden und in 1 EL Olivenöl in einem großen Topf ca. 5 Minuten glasig dünsten. Das Sauerkraut dazugeben und mit dem Hühnerfond und dem Weißwein aufgießen. Den gewürfelten Speck, 2 Stängel Zitronenthymian, Wacholderbeeren und Lorbeerblätter dazugeben und alles einmal aufkochen lassen. Sauerkraut mit geschlossenem Deckel und schwacher bis mittlerer Hitze ca. 1 Stunde schmoren lassen.

2. Für die Iberico-Koteletts den Backofen auf 160 °C Ober-/Unterhitze vorheizen. Die Koteletts trocken tupfen. ½ EL Olivenöl in einer ofenfesten Pfanne erhitzen. Die Koteletts ca. 1 Minute von jeder Seite scharf anbraten. Den Knoblauch schälen, in Scheiben schneiden und zusammen mit dem restlichen Zitronenthymian auf den Koteletts verteilen. Die Koteletts salzen und pfeffern. Im Ofen (Mitte) ca. 7–10 Minuten (Bratenthermometer) garen, bis die Koteletts eine Kerntemperatur von 63 °C erreicht haben.

3. Während die Iberico-Koteletts im Ofen garen, die Butter in einer Pfanne erhitzen und die Schupfnudeln darin goldgelb anbraten.

4. Sauerkraut mit Salz, Pfeffer und Zucker abschmecken und zusammen mit den Schupfnudeln und den Iberico-Koteletts servieren.

# SCHWÄBISCHE *Pizza*

Diese schwäbische Pizzavariante erinnert ein wenig an Flammkuchen und schmeckt besonders gut mit einem Glas kühlen Weißwein.

2 Stunden
+ 12 Minuten Backzeit

Für 6 Pizzen

- 300 g Mehl Type 405
- 300 g helles Dinkelmehl Type 630
- 21 g frische Hefe
- 1 Prise Zucker
- 350 ml lauwarmes Wasser
- Salz
- 1 EL Oregano, getrocknet
- 200 g Schmand
- 2 Eier (M)
- 2 TL Pizzagewürz
- frisch gemahlener Pfeffer
- 100 g Kochschinken
- 60 g Salami
- 2 Frühlingszwiebeln
- 1 kleine rote Zwiebel
- 150 g Bergkäse, frisch gerieben

① Für den Pizzateig beide Mehlsorten in einer großen Schüssel vermischen und in die Mitte eine Mulde hineindrücken. Die Hefe in die Mulde bröckeln und 1 Prise Zucker sowie 180 ml Wasser hinzufügen. Mit etwas Mehl vom Rand zu einem flüssigen Vorteig verrühren. Mit einem Küchentuch abdecken und ca. 15 Minuten ruhen lassen. Das restliche Wasser, ½ EL Salz und den Oregano hinzufügen. Mit den Händen oder der Küchenmaschine zu einem geschmeidigen Hefeteig verkneten. Die Schüssel abdecken und den Teig ca. 1–2 Stunden an einem warmen Ort gehen lassen.

② Für den Belag den Schmand mit den Eiern, dem Pizzagewürz, etwas Salz und Pfeffer glatt rühren. Kochschinken und Salami würfeln, Frühlingszwiebeln waschen und in feine Ringe schneiden. Die rote Zwiebel schälen und in dünne Streifen schneiden.

③ Den Backofen auf 220 °C Ober-/Unterhitze vorheizen und 2 Backbleche mit Backpapier auslegen. Den Teig in 6 Portionen teilen, jede Portion oval, etwa 5 mm dick ausrollen.

④ Die Böden auf beiden Blechen verteilen und mit der Schmandmasse bestreichen und mit Schinken, Salami, Frühlingszwiebeln und roten Zwiebeln belegen. Zum Schluss mit Bergkäse bestreuen und im heißen Ofen (Mitte) ca. 12 Minuten backen.

*Tipp* → Ganz besonders knusprig werden die Pizzen, wenn Sie sie im Ofen mit der Pizzastufe backen oder einen Schamott- oder Pizzastein verwenden. Sehr fein schmeckt die Pizza auch, wenn Sie die Böden nur mit der Schmandmasse und den roten Zwiebeln belegt backen und anschließend mit hauchdünnem Parmaschinken und frischem Rucola servieren.

Meine Lieblingsrezepte aus diesem Kapitel sind die **schwedischen Schneckennudeln mit Zimt** und die **Kokos-Flachswickel**.

# Süßes & Desserts

Zu guter Letzt darf etwas Süßes natürlich nicht fehlen. In diesem Kapitel finden Sie neun köstliche Rezepte für süßes Gebäck, Kuchen und Desserts. Es gibt schwäbischen Träubleskuchen, Flachswickel und Ofenschlupfer mit internationalen Einflüssen aus Österreich, Schweden, Russland, Italien und den USA.

stone washed
pure linen.

# Träubleskuchen MIT KOKOS

Zu Familienfesten backte meine Oma immer einen Träubleskuchen mit frischen Träuble aus dem Garten. Meinen Träubleskuchen backe ich mit Kokosraspeln, die schmecken toll zu Träuble.

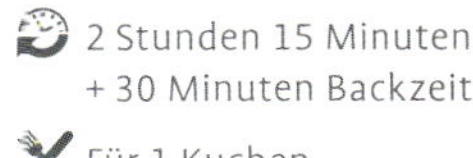

2 Stunden 15 Minuten + 30 Minuten Backzeit

Für 1 Kuchen

- 250 g Mehl Type 405
- 1 Prise Salz
- 125 g kalte Butter in Stücken
- 250 g Zucker
- 1 Päckchen Vanillezucker
- 4 Eier (M)
- Butter zum Einfetten der Springform
- 2 TL Zitronensaft
- 1 EL Speisestärke
- 500 g rote Johannisbeeren
- 60 g Kokosraspel

① Mehl, Salz, kalte Butter, 50 g Zucker und Vanillezucker in eine Rührschüssel geben. Die Eier trennen und das Eigelb ebenfalls in die Schüssel geben. Alles rasch zu einem Mürbeteig verkneten. Den Teig zur Kugel geformt in Frischhaltefolie wickeln und ca. 2 Stunden im Kühlschrank ruhen lassen.

② Den Backofen auf 180 °C Ober-/Unterhitze vorheizen und eine Springform mit etwas Butter einfetten. Den Teig aus der Folie nehmen und auf einer leicht bemehlten Arbeitsfläche ausrollen. Den Teig in die gefettete Form geben und an den Rändern zur Hälfte hin hochziehen. Mit einer Gabel Löcher in den Teig stechen. Den Boden für ca. 10 Minuten im Ofen (Mitte) vorbacken.

③ Eiweiß in eine Schüssel geben und sehr steif schlagen. Nach und nach 200 g Zucker einrieseln lassen und den Zitronensaft hinzufügen. Anschließend die Speisestärke dazugeben und ca. 4 Minuten auf höchster Stufe des Handrührgeräts schlagen.

④ Die Johannisbeeren mit den Kokosraspeln vermischen und vorsichtig unterheben. Die Masse gleichmäßig auf dem vorgebackenen Teig verteilen und den Kuchen im Ofen (Mitte) ca. 25–30 Minuten backen. Die Baisermasse sollte hellbraun sein, dann ist der Kuchen fertig.

K

# Schwedische Schneckennudeln MIT ZIMT

Im Schwäbischen werden Schneckennudeln gerne mit Nussfüllung aus Haselnüssen und Mandeln oder Rosinen gegessen. Die Schweden hingegen lieben ihre Schneckennudeln als Kanelbullar mit einer feinen Zimt-Zucker-Füllung.

45 Minuten
+ 11 Minuten Backzeit

Für ca. 20 Stück

- 200 ml lauwarme Milch
- 70 g Zucker
- ½ Würfel frische Hefe
- 500 g Mehl
- 1 Prise Salz
- 1 Päckchen Vanillezucker
- 75 g + 80 g weiche Butter
- 1 Ei
- 90 g brauner Zucker
- 3 TL Zimt
- 3 EL Hagelzucker
- 1 Eigelb
- 1 EL Milch oder Sahne

1. Die lauwarme Milch mit dem Zucker verrühren, die Hefe darin auflösen und ca. 10 Minuten ruhen lassen, bis sich kleine Bläschen bilden.
2. Mehl und Salz in eine große Schüssel geben. Hefemilch, Vanillezucker, 75 g weiche Butter und das Ei hinzufügen. Alles zu einem glatten, geschmeidigen Teig verkneten. Den Teig abgedeckt ca. 1½ Stunden ruhen lassen.
3. Den Teig zu einem großen Rechteck ausrollen, mit 80 g weicher Butter bestreichen und mit braunem Zucker und Zimt bestreuen. Der Länge nach aufrollen und in 2–3 cm dicke Scheiben schneiden. Die Scheiben auf ein mit Backpapier ausgelegtes Blech setzen, mit einem Küchentuch abdecken und ca. 20 Minuten ruhen lassen.
4. Den Backofen auf 190 °C Ober-/Unterhitze vorheizen. Das Eigelb mit der Milch verquirlen und die Schneckennudeln damit bestreichen. Anschließend mit Hagelzucker bestreuen und im Ofen (Mitte) ca. 11 Minuten backen.

*Tipp* → Besonders fein schmecken die Schneckennudeln auch mit etwas Kakao in der Füllung.

# KOKOS-*Flachswickel*

Schon als Kind habe ich die knusprig-süßen Flachswickel meiner Großmutter geliebt. Für dieses Buch habe ich Kokos-Flachswickel kreiert, denn der Geschmack von Kokosnuss erinnert mich an Urlaub und Strandfeeling.

40 Minuten
+ 18 Minuten Backzeit

Für ca. 25–30 Stück

- 500 g Mehl Type 405
- 1 Prise Salz
- 1 Würfel Hefe
- 1 TL Zucker
- 5–6 EL lauwarmes Wasser
- 300 g Butter oder Margarine
- 2 Eier
- 2 TL Zucker
- 5–6 EL Kokosraspel

① Mehl und Salz in eine große Schüssel geben, vermischen und eine Mulde in die Mitte des Mehls drücken. Hefe und Zucker im lauwarmen Wasser auflösen und in die Mulde gießen. Mit etwas Mehl vom Rand zu einem flüssigen Vorteig verrühren. Die Schüssel mit einem Küchentuch abdecken und ca. 15 Minuten an einen warmen Ort stellen.

② Butter in Stücke schneiden, Eier verquirlen und beides zur Mehlmischung geben. Alles mit den Knethaken des Handrührgeräts zu einem glatten Teig verarbeiten. Der Teig sollte noch leicht klebrig und zäh sein, dann hat er die richtige Konsistenz. Teig zur Kugel formen, in die Schüssel legen und abgedeckt ca. 10 Minuten ruhen lassen.

③ Den Backofen auf 200 °C Ober-/Unterhitze vorheizen und ein Backblech mit Backpapier auslegen. Zucker und Kokosraspel auf einen flachen Teller geben.

④ Den Teig in ca. 25–30 gleich große Kugeln teilen. Jede Kugel zu einem ca. 15 cm langen Strang rollen und jeden Strang so umeinanderschlingen, dass die typische Flachswickelform entsteht. Die Flachswickel sofort im Kokoszucker wenden und mit etwas Abstand zueinander auf das vorbereitete Backblech setzen und im Ofen (Mitte) in ca. 15–18 Minuten leicht goldgelb backen.

*Tipps* → Damit der Teig beim Rollen der Stränge nicht auf der Arbeitsfläche kleben bleibt, können Sie die Fläche vor dem Rollen mit etwas Zucker bestreuen. Mehl sollte nicht verwendet werden, da die Flachswickel sonst schnell zu trocken werden.

STAUB

# Ofenschlupfer MIT ÖSTERREICHISCHEM ZWETSCHGENRÖSTER

Den schwäbischen Ofenklassiker serviere ich in dieser Variante mit einem köstlichen Zwetschgenröster.

5 Minuten
+ 20 Minuten Backzeit

Für 4 Portionen

- 300 g altbackenes Weißbrot oder Hefezopf
- 300 g Zwetschgenröster (aus dem Glas oder selbst gekocht)
- 300 ml Milch
- 200 g Sahne
- 20 g Zucker
- 20 g brauner Zucker
- Mark von ½ Vanilleschote
- 2 Eier (M)
- 4 TL Semmelbrösel
- ½ TL Zimt und 2 TL brauner Zucker zum Bestreuen
- etwas Butter zum Einfetten

1. Eine ofenfeste Form mit Butter einfetten und den Backofen auf 180 °C Ober-/Unterhitze vorheizen. Das Brot oder den Zopf in Scheiben schneiden und in die Form schichten. Den Zwetschgenröster mit einem Teelöffel zwischen den Brotscheiben verteilen.

2. Milch, Sahne, beide Zuckersorten, Vanillemark und die Eier gut verquirlen und über das Brot gießen. Semmelbrösel mit Zimt und Zucker vermischen und über das Brot streuen. Den Ofenschlupfer im Ofen (Mitte) etwa 20 Minuten backen.

*Tipp* → Dazu schmeckt ein cremiges Vanilleeis und frisch gehackte Minze.

# Schwäbischer Marmorkuchen MIT MARILLENRÖSTER

Dieser saftige Kuchen schmeckt schön fruchtig und ist ganz einfach zubereitet.

10 Minuten
+ 1 Stunde Backzeit

Für 1 Kastenform à ca. 28 cm

- 225 g weiche Butter + etwas mehr zum Einfetten
- 200 g Zucker
- 1 Päckchen Vanillezucker
- 4 Eier (M)
- 300 g Mehl
- 6 g Backpulver
- 1 Prise Salz
- 3 EL heißes Wasser
- 45 g Kakao
- 100 g Marillenröster aus dem Glas
- 100 g backstabile Schokotropfen
- etwas Puderzucker zum Bestäuben

1. Den Backofen auf 175 °C Ober-/Unterhitze vorheizen und eine Kastenform mit Butter einfetten und mit etwas Mehl bestäuben.
2. Butter, Zucker und Vanillezucker cremig aufschlagen. Die Eier nacheinander unterrühren. Mehl und Backpulver mit 1 Prise Salz vermischen und rasch unterrühren, bis alles gut vermengt ist. Dann das Wasser unterrühren.
3. Die Hälfte des Teigs mit dem Kakao und dem Marillenröster verrühren. Die Schokotröpfchen unter den hellen Teig heben. Hellen und dunklen Teig in die Form füllen und mit einer Gabel marmorieren. Den Kuchen im Ofen (Mitte) ca. 1 Stunde backen (Stäbchenprobe). Kuchen ca. 20 Minuten abkühlen lassen, stürzen, vollständig auskühlen lassen und mit Puderzucker bestäuben.

*Tipp* → Alternativ können Sie den Kuchen auch mit Zwetschgenröster oder anderem Kompott backen.

# Süße Flädle MIT TIROLER MARILLENMARMELADE

Flädle schmecken auch als süßes Dessert wunderbar. Gefüllt mit einer fruchtigen Marillenmarmelade sind sie ein einfaches, aber köstliches Dessert, das nicht nur Kindern schmeckt.

25 Minuten
+ 10 Minuten Garzeit

Für 8 Stück

- 200 g Mehl
- 350 ml Milch
- 2 Eier (M)
- Butter zum Anbraten
- 8 gehäufte EL Marillen-marmelade
- Puderzucker zum Bestäuben
- etwas Minze

1. Das Mehl mit der Milch in eine Schüssel geben und mit einem Schneebesen glatt rühren. Nacheinander die Eier unterrühren. Den Pfannkuchenteig ca. 20 Minuten ruhen lassen.
2. Eine beschichtete Pfanne erhitzen und 1 Messerspitze Butter hineingeben.
3. Mit einer Schöpfkelle etwas Teig in die Pfanne geben, hin und her schwenken und so den Teig gleichmäßig in der Pfanne verteilen. Ist der Pfannkuchen an der Unterseite fest geworden, den Pfannkuchen vorsichtig wenden und fertig goldgelb backen.
4. Mit dem restlichen Teig ebenso verfahren, bis er verbraucht ist. Die Pfannkuchen mit je 1 gehäuften EL Marillenmarmelade bestreichen und zusammenklappen oder aufrollen. Mit Puderzucker bestäuben und mit etwas frischer Minze garnieren.

*Tipp* → Toll schmecken die süßen Flädle auch mit Rosinen getoppt. Einfach einige Rosinen auf die Marillenmarmelade streuen. Alternativ zur Marillenmarmelade können Sie auch Zwetschgenröster für die Füllung verwenden.

# Zwetschgen-Cobbler
## MIT VANILLEEIS UND MINZE

Warmes Obst mit Streuseln überbacken schmeckt besonders gut mit Vanilleeis. Den amerikanischen Cobbler backe ich in der Dessert-Variante mit Zwetschgen.

15 Minuten
+ 35 Minuten Backzeit

Für 4 Portionen

- 40 g kalte Butter + ½ EL Butter zum Einfetten
- 500 g Zwetschgen
- 75 g Mehl
- 50 g brauner Zucker
- ¼ TL Zimt
- Mark von ¼ Vanilleschote
- 4 Kugeln Vanilleeis
- 2 EL frisch gehackte Minze

① 4 ofenfeste Förmchen mit etwas Butter einfetten und den Backofen auf 200 °C Ober-/Unterhitze vorheizen. Die Zwetschgen waschen, entkernen und je nach Größe vierteln oder achteln. Die Zwetschgenstücke gleichmäßig auf die Förmchen verteilen.

② Mehl, Zucker, Zimt, Vanillemark und die kalte Butter in Flöckchen in eine Schüssel geben und mit den Händen zu Streuseln verkneten.

③ Die Streusel auf den Zwetschgen verteilen und den Cobbler für ungefähr 35 Minuten im Ofen (Mitte) backen. Zwetschgen-Cobbler aus dem Ofen nehmen, ca. 5 Minuten abkühlen lassen und noch warm mit dem Vanilleeis und der frisch gehackten Minze servieren.

*Tipp* → Dieses Cobbler-Dessert können Sie auch mit Erdbeeren, Rhabarber, Pfirsichen, Äpfeln oder Beeren zubereiten. Gerne mache ich gleich eine größere Menge Streusel. Die übrigen Streusel friere ich dann in einem Gefrierbeutel ein, so habe ich für den nächsten Cobbler gleich die Streusel bereit.

# Russische Olgabrezeln MIT MANDELN

Die schwarzweißen Brezeln sind ein typisch schwäbisches Süßgebäck.

45 Minuten
+ 14 Minuten Backzeit

Für 10 kleine Brezeln

- 120 g Mehl
- 30 g Kakao
- 30 g brauner Zucker
- 60 g Zucker
- 1 Päckchen Vanillezucker
- 1 Ei (M)
- 75 g kalte Butter
- 1 Rolle Blätterteig (Kühlregal)
- 1 EL Milch
- 3 EL Mandelblättchen
- etwas Puderzucker

1. Mehl, Kakao und alle Zuckersorten in eine große Rührschüssel geben. Das Ei trennen und das Eiweiß ebenfalls in die Schüssel geben. Die kalte Butter in kleinen Flöckchen hinzufügen und alles mit den Händen rasch zu einem Teig verkneten. Den Teig zur Kugel geformt in Frischhaltefolie wickeln und ca. 30 Minuten im Kühlschrank kalt stellen. Den Backofen auf 210 °C Ober-/Unterhitze vorheizen und ein Backblech mit Backpapier auslegen. Den Blätterteig aus der Packung nehmen und ausbreiten.

2. Den Kakaomürbeteig zwischen zwei Schichten Frischhaltefolie zu einem dünnen Rechteck ausrollen, das halb so groß wie der Blätterteig ist. Das Rechteck auf die eine Hälfte des Blätterteigs setzen und die andere Blätterteigseite darüber klappen. So entsteht ein dreischichtiger Teig. Den Teig zu einer Platte von etwa 40 × 25 cm ausrollen.

3. Den Teig in Streifen schneiden (2 × 40 cm). Jeden Streifen zu einer Kordel drehen und zu Brezeln formen. Die Brezeln mit etwas Abstand zueinander auf das Backblech setzen.

4. Das Eigelb mit 1 EL Milch verquirlen und die Brezeln dünn damit einstreichen. Mit Mandeln bestreuen und im Ofen (Mitte) ca. 11–14 Minuten backen.

*Tipp* → Anstatt Mandeln können Sie die Olgabrezeln auch mit Hagelzucker bestreuen.

# SCHWÄBISCHES *Tiramisu*

Bei uns gab es früher häufig Vanillepudding mit Butterkeksen und Trauben geschichtet. In Anlehnung an dieses Dessert mache ich gerne ein schnelles Tiramisu mit Vanillecreme und Obst. Es ist ein ideales Sommerdessert.

20 Minuten

Für 6 Dessertgläser oder eine große Form

- 500 g Vanillepudding
- 100 g Mascarpone
- 5 EL Orangensaft
- 50 ml frisch gebrühter Espresso
- 12 Löffelbiskuits
- 200 g eingelegte Mandarinen oder Pfirsiche
- 200 g rote Trauben
- 3 EL Kakaopulver
- Minze

1. Den Vanillepudding mit der Mascarpone glatt rühren.
2. Orangensaft mit dem Espresso verrühren und in eine flache Schale gießen.
3. Löffelbiskuits in den Espresso tunken und abwechselnd mit dem Obst und der Vanillecreme in kleine Dessertgläser oder eine große Form schichten.
4. Die letzte Schicht sollte aus Vanillecreme bestehen. Mit Kakaopulver bestäuben und nach Belieben mit Minze servieren.

*Tipp* → Da kein rohes Ei enthalten ist, können Sie das Tiramisu auch gut vorbereiten und im Kühlschrank mit Frischhaltefolie abgedeckt bis zum Verzehr aufbewahren.

# Schwäbische PRODUKTE, BEZUGSQUELLEN UND ONLINESHOPS

## Albgold

**www.alb-gold-shop.de**

Produkte von der Schwäbischen Alb, wie hausgemachte Pasta, Pesto, Salz, Öl, Spirituosen, Hällische Wurst u.v.m.

## Alb-Leisa

**www.alb-leisa.de**

Leckere Linsen von der Schwäbischen Alb, ideal für den Klassiker Linsen mit Spätzle.

## Bayerische Garnelen – Good Gamba

**www.crustanova.com**

Hier gibt es die wohl feinsten Garnelen, regional gezüchtet in Bayern. Die Good Gamba ist unvergleichlich im Geschmack, kann sogar roh als Sashimi gegessen werden und wird auch in Küchen der gehobenen Gastronomie zubereitet.

## FrischeParadies

**www.frischeparadies.de**

Fisch, Fleisch, Feinkost u.v.m. gibt es beim Frische-Paradies und das gleich in mehreren deutschen Großstädten wie beispielsweise in München und Stuttgart.

## Kreutzers

**www.kreutzers.eu**

Der Onlineshop für qualitativ hochwertiges Fleisch. Neben deutschem Simmentaler Rind bekommt man hier auch köstliches Gourmetfleisch wie Ibericoschwein und Wagyu Beef. Das Fleisch wird gekühlt geliefert und ist für die sofortige Zubereitung bereit.

## Loretto

**www.loretto-zwiefalten.de**

Ein Hofladen, in dem Sie feine Holzofenbrote und Kuchen, sowie frischen Ziegenkäse kaufen können. Neben den hauseigenen Produkten gibt es hier auch andere Leckereien von benachbarten Bio-Höfen, wie z. B. Wein, Honig und Eier.

## Metzgerei Failenschmid

**www.failenschmid.de**

Leckere Fleisch- und Wurstprodukte z. B. vom Alblinsenschwein oder Albbüffel. Die Metzgerei Failenschmid bietet auch einen Online-Shop an. So können Sie deutschlandweit in den Genuss der tollen Produkte kommen.

## Stuttgarter Markthalle

**www.markthalle-stuttgart.de**

Eine der schönsten Markthallen mit wunderbaren Ständen, die eine große Vielfalt an Produkten anbieten.

## Wino Bioland

**www.wino.bio**

Köstliche Weine und bunte Bio-Kisten mit Obst und Gemüse.

# Meine Lieblingslocations
## IN DER SCHWABEN-METROPOLE STUTTGART

### Café Netzer
**www.netzer-stuttgart.de**

Mein Lieblings-Café in Stuttgart Mitte mit toller Frühstückskarte. Die Speisen werden besonders hübsch angerichtet. Unter der Woche stellt man sich das Frühstück selbst zusammen, am Wochenende gibt es Frühstücks-Menüs. Abends überrascht das Netzer mit einer Abendkarte mit ausgewählten Gerichten. Mein Lieblingsfrühstück: Italian Job.

### Lumen
**www.lumen-stuttgart.com**

Ein absoluter Insider im Stuttgarter Westen in meinem Heimatviertel, wenn es um Frühstück geht. In traumhaft schöner Location werden köstliche Frühstücks- und Mittagsspeisen serviert.

### Tarte & Törtchen
**www.tarteundtoertchen.de**

Der Name sagt es schon: Hier gibt es die wohl köstlichsten Törtchen der Stadt. In einem zuckersüßen Café im Stuttgarter Westen werden Mini-Törtchen, Croissants und duftender Kaffee serviert. Auch zum Frühstücken ist es hier toll.

### CLAUS Eismanufaktur & Deli
**www.claus-stuttgart.de**

Die Location in Stuttgart für köstlich-cremiges Eis, erfrischende Drinks, knackige Salate, belegte Stullen und bunte Bowls. Serviert wird in modern-hippem Ambiente, kein Wunder, dass die Location derzeit boomt.

### L.A. Signorina

Hier gibt es unglaublich leckere Pizzen mit spannenden Zutaten. Neben klassischer Pizza Margherita und Napoli gibt es auch weiße Pizzen mit Crème fraîche und luftgetrocknetem Schinken.

### Speisekammer West
**www.speisekammer-west.de**

Ein feines Restaurant im Stuttgarter Westen mit leckerer schwäbischer Küche. Gekocht wird mit regionalen Produkten aus Stuttgart und Umgebung. Mein Lieblingsgericht: selbstgemachte Maultaschen mit Zwiebel-Schmälze, Bratensauce und Kartoffel-Blattsalat.

### Gasthaus Grünewald
**www.gasthaus-gruenewald.de**

Ein gemütliches Gasthaus in Stuttgart-Feuerbach mit bodenständiger schwäbischer Küche. Auf der Karte stehen schwäbische Klassiker wie Zwiebelrostbraten, Maultaschen und Kässpätzle. Mein Lieblingsgericht: Grünewaldteller mit kleinem Zwiebelrostbraten und Schweinemedaillon mit Champignon-und Bratensauce und hausgemachten Spätzle.

### Sansibar by Breuninger
**www.sansibarbybreuninger.de**

Ein schickes Restaurant inmitten des Dorotheenquartiers in Stuttgart. Hier werden Gerichte aus dem Kult-Restaurant Sansibar auf Sylt serviert. Eine moderne Küche, die genau nach meinem Geschmack ist.

# REZEPTE schnell nachgeschlagen

# EIN GROSSES *Dankeschön an …*

… **meinen lieben Mann Stephan**, der mich auch bei diesem Buch wieder tatkräftig unterstützt hat und mir wie bei jedem Projekt helfend zur Seite stand und mich aufgefangen hat, wenn mir alles über den Kopf wuchs. Ich bin so froh, dich an meiner Seite zu haben und freue mich auf alle Projekte, die wir noch gemeinsam stemmen werden.

… **meine Eltern Annegret und Hermann** und meinen Bruder Vivek, die genau wie mein Mann immer hinter mir stehen. Danke, dass ihr immer ein offenes Ohr für mich habt und wir füreinander da sind.

… **meine Großmutter**, die mich mit ihrem Koch- und Backwissen immer wieder unterstützt, mir Inspiration für neue Rezepte gibt und der ich es zu verdanken habe, dass ich die Freude am Backen von Klein an habe.

… **meine Freundin Jeanette** für die wunderbaren Momente, kulinarischen Abenteuer und guten Gespräche mit dir. Ganz besonders in Berlin!

… **meine Freunde** für euer Dasein und die wunderbaren und schönen Momente, die wir zusammen haben. Ganz besonderen Dank an Jeanette, Marius, Géraldine und Maxi für die kulinarischen gemeinsamen Abende und Ausflüge!

… **meine Lektorin Lisa Seibel**, die mir mit großem Vertrauen und Unterstützung bei diesem Buch zur Seite stand. Es macht unglaublich Freude mit dir zusammen zu arbeiten, vielen Dank dafür!

… **meine LeserInnen**, ohne die es meinen Blog ***Schätze aus meiner Küche*** und folglich auch keine Kochbücher geben würde. Ganz lieben Dank an dieser Stelle für eure lieben Kommentare und Reaktionen zu meinen Rezepten, Fotos und Beiträgen!

## VIELEN DANK AUSSERDEM AN …

… **das FrischeParadies München**, das mich mit tollen Produkten und köstlichen Lebensmitteln bei meinem Buch unterstützt hat. Herzlichen Dank dafür!

… **Lauteracher Alb-Leisa**, die mich für die Linsen-Rezepte in diesem Buch mit feinen Alblinsen unterstützt haben.

… **die Metzgerei Failenschmid**, die mir auch bei meinem zweiten schwäbischen Kochbuch mit köstlichen Wurstwaren und leckeren schwäbischen Maultaschen zur Seite standen. Ein großes Dankeschön an euch.

… **meinen Partner Kreutzers**, die mir für dieses Buch das wunderbare Wagyu-Roastbeef und das Simmentaler-Roastbeef für den Zwiebelrostbraten geliefert haben. Ihr seid einfach spitze und die besten Beef-Buddys!

… **die Firma Zwilling**, die mich mit den wunderschönen Produkten von STAUB für das Foodstyling unterstützt.

# BILDQUELLEN UND IMPRESSUM

Alle Fotos und das Titelfoto stammen von der Autorin.
Die Fotos auf Seite 2 und auf der äußeren Umschlagseite hinten stammen von Denise Claus, kleine BILDKUNST.

Die Abbildung auf der inneren Umschlagseite hinten fertigte Helmuth Flubacher.

Die in diesem Buch enthaltenen Empfehlungen und Angaben sind von der Autorin mit größter Sorgfalt zusammengestellt und geprüft worden. Eine Garantie für die Richtigkeit der Angaben kann aber nicht gegeben werden. Autorin und Verlag übernehmen keine Haftung für Schäden und Unfälle. Bitte setzen Sie bei der Anwendung der in diesem Buch enthaltenen Empfehlungen Ihr persönliches Urteilsvermögen ein. Der Verlag Eugen Ulmer ist nicht verantwortlich für die Inhalte der im Buch genannten Websites.

**Bibliografische Information der Deutschen Nationalbibliothek**
Die Deutsche Nationalbibliothek verzeichnet diese Publikation in der Deutschen Nationalbibliografie; detaillierte bibliografische Daten sind im Internet über http://dnb.d-nb.de abrufbar.


Wollgrasweg 41, 70599 Stuttgart (Hohenheim)
E-Mail: info@ulmer.de
Internet: www.ulmer.de

Lektorat: Lisa Seibel, Anja Fleischhauer
Herstellung: Katharina Merz
Umschlag-Gestaltung, Layout und Satz:
Antje Warnecke, nordendesign.de
Reproduktion: timeRay, Jettingen
Druck und Bindung: Westermann Druck, Zwickau
Printed in Germany

**ISBN 978-3-8186-0652-7**